大學的陽光與森林

課堂外教授要告訴你的

夏祖焯（夏烈）著

作者簡介——夏祖焯教授

・筆名夏烈，臺北建國中學及臺南成功大學工學院畢業，美國密西根（州立）大學工程博士。
・在美曾任橋梁工程師、大地工程專案經理、特殊重點計畫經理等職。
・一九九九年返國任教，曾任教於清華大學、世新大學、元智大學、臺北醫學大學、國立臺灣藝術大學等校。
・現任教成功大學，爲「五年五百億邁向頂尖大學計畫」聘任。曾教授近代歐美文學、近代日本文學、現代中文小說及散文、科技社會與人文、文學與電影等課程，爲我國唯一工程博士出任文學教授之職。
・目前並任臺北建中文教基金會董事、臺北建中校友會常務理事、美洲中國工程師學會理事。
・長篇小說《夏獵》（純文學，九歌，北京人民文學）一九九四年獲臺灣最高之「國家文藝獎」。二〇〇六年獲美洲中國工程師學會頒發之「科技與人文獎」。除工程論文外，其他著作有《最後的一隻紅頭烏鴉》（又名「白門再見」，純文學，九歌）、《流光逝川》（爾雅）、《建中生這樣想》（聯合文學）、《城南少年游》（北京人民文學）、《夏烈教授給高中生的十九場講座》（北京中國青年出版社）及大學教科書及參考書《近代外國文學思潮》（聯合文學）。

今日的夏祖焯

大學時期的夏祖焯

各界推薦

教育界推薦（無排名先後）

我擔任夏祖焯（夏烈）的臺北國語實小高年級導師。他在學業上並非名列前茅，但兩次智力測驗都得到全校最高分，一直隨我唸書到畢業。我觀察到他的特色：敢說敢當，公正講義氣，口齒清晰，講話及發表意見動聽感人，是同學中的明星。我從青年步入老年，和他一直保持聯繫，看到他的茁壯。感覺到：夏祖焯有與生俱來的人文氣質和才華，也具有敏銳的觀察力。夏祖焯如不是「天才」，絕對是「英才」。夏祖焯以工程博士的身分教外國文學多年，在職場上也縱橫多年。由他以親身經歷和人生體驗來寫這本書，前半冊談大學生活，後半冊談畢業後進入職場，應該是恰當而具體的最佳指引。

學習是終身的，我們終身需要導師。學校提供學習，培養品格；職場應該不只是在講謀生（生存），也該教「如何生活」。我們大多數人體內都潛藏著巨大的才能，這種潛能酣睡著，一旦被激發，便做出驚人的事來。這就是夏祖焯。我也以此鼓勵這本書的讀者。

席淡霞．曾任臺北國語實小導師、英國University of Birmingham 中國同學會顧問一位土木工程師以父母傳承的文學心，透視人生的幽迴曲徑與社會變遷的重重糾葛，委婉道來，讓即將面對職場生涯的年輕學生，瞭解其中的酸甜苦辣與選擇，也讓成年人產生生命的共鳴。

李嗣涔・臺灣大學前校長、教務長、電機系系主任

我與夏教授有時意見相左，但彼此尊重。基本上，我認為他是個誠實、誠懇、腳踏實地的人。他的觀點你不一定要同意，但這本書絕對值得一讀，做為以後為人處事及思索的考慮因素之一。因為他的經驗及思考是多層面的，細膩而言簡意賅，不同於一般老生常談。

項武忠・普林斯頓及史丹佛大學數學教授，中央研究院院士

生命是短暫的，因此，要珍愛生命的每一秒；生命是美好的，可以在不違反公德的有限範圍內，隨心所欲享受人生，卻不可盲目地人云亦云、隨波逐流。一粒種子能長成參天大樹，因此，生命又是永恆的。我們自我的努力是要貢獻給這永恆的生命。我覺得這就是這本書的真正涵義。

陳敏・麻省理工學院物理系終身教授

大學生如果只是讀書，就太可惜了。唸大學應該是探討自己的興趣及長處，從而決定人生的方向：是選擇一個專業，是做學術研究，是教育教學，或是從商從政。夏祖焯教授博學博識，沒有保留的提供了一個人生的指南針，是多麼的難能可貴。

李小玉．哈佛大學醫學院臨床及生殖醫學教授

夏祖焯教授一人跨三界，大學以前數學很好，但深知興趣不在理工，還是留美取得工程博士學位；文學則曾獲國家文藝獎，有相當天分，興趣卻有限；最大的興趣還是在社會科學。知識廣博，見解精闢；在課堂上他除了教授專門科目外，也談人生、宗教、愛情、社會、國際觀、未來世界、職場等，對清華學生頗為啟發。他書中一針見血的論調，相信也會協助在十字路口徘徊的大學生終生受用。

陳力俊．中央研究院院士，清華大學前校長、工學院院長

人生是各種經驗的累積，您看得多、走得遠、想得深，您的人生會更豐富、更順暢。夏祖焯教授從一位傑出的工程科技博士，展現人文藝術的修為成就，其歷練、思維自有不同的見地與心得。好好的欣賞這本著作，保證會給您內心有所震撼。

黃煌煇．曾任國立成功大學校長，現任成大研究發展基金會董事長

夏教授的《建中生這樣想——給高中生的二十堂人生要課》一書得到廣大讀者的喜愛和熱烈反應，其實早在我的意料之中。尤其是對高中就學及將要就讀高中的學生們，無疑是在成長過程中必讀的指導課本。然而，相對於比較早熟的西方孩子，中國孩子大多要到上了大學後，心智發展才漸成熟。於是，對大學生的輔導就更為重要了。很高興知道夏教授即將出版這本針對大學生的指導書，相信這本書會再次得到廣泛的好評和採納。洞徹人生智慧的夏教授，對培養青年學子健全的人生觀，及歷練他們成為未來國家社會的中堅，的確是功不可沒。

黃紹光．美國哈佛大學磁共振實驗室及貴重儀器中心主任，美國麻塞諸塞州前州長亞裔顧問

祖焯教授有著工科冷峻客觀的思考，又具有文科敏銳細膩的文筆，善以古今中西相互參較、能近取譬的論述，為複雜的人生問題，綜理出清晰且極具說服力的思考模式。幽默的筆觸，卻又不損批判的筆鋒，讓人讀來，如與作者晤談，而深得醍醐灌頂之妙。我自就讀世新大學開始，即受教於祖焯教授門下，無論是課堂討論，或者是閒暇暢談，祖焯教授亦莊亦諧的言談，多有與書中提及觀點相同，深刻地影響著我，特別是這些觀點在我世新大學畢業之後、考取臺大研究所時，對於人生志向的抉擇，起了很大的鼓舞作用。我相信未來持讀此書的年輕學子，也能如入深山採礦，冶而為金！

陳志峰．世新校友、臺大中文博士，現任世新大學中文系助理教授

在躁動不安的青春面前到底展開多少條的道路？在每一條道路的盡頭又有什麼在等著他（她）？只有像夏祖焯教授這樣善於對青春的夢想沉思的人，才能產生如此創作的激情和靈感。夏祖焯教授兼容科學與人文，具備理工學養的慎思明辨，又承襲了父母（何凡、林海音）。本書內容字字珠璣，處處流露出夏祖焯教授的幽默睿智，而沒有沉重的道德說教。如果，青春的夢想就是要在脆弱中尋找光明的幸福，那夏祖焯教授的這本書就是指引春青夢想的人生地圖。

成嘉玲．世新大學董事長，曾任世新大學校長

夏祖焯教授這本為年輕人寫的書，思路清晰且文筆流暢，絲毫感覺不出其工程領域訓練的背景；倒像文學造詣深厚的作家。夏教授從信仰（宗教）、求學、戀愛，乃至於社會關懷等不同層面，說出了同學（包括高中生、大學生與研究生）、家長、老師們的心聲與期許。整本書的內容，充滿生活、學習與工作的經驗與智慧。尤其是，文字有如行雲流水且淺顯易懂，而字裡行間潛藏深層的教育與文化涵養，更是本書的特色，是值得推薦的好書。

蘇慧貞．成功大學校長，成大醫學院教授

企業界推薦（無排名先後）

夏祖焯是我的外甥，工學院出身，我觀察到他有敬業的性格，敬業在企業界就容易出頭及成功。我本想僱用他入福茂集團任要職，但他的興趣在教育及寫作——如此，福茂國際失掉一個人才，臺灣教育界得到一個人才。夏祖焯來自文學世家，走了多年工程道路後，又回到文學及教育，竟然成功，也更適合他。我已九十四歲，在國內及國際上創業及爭鬥，身經百戰，閱人無數。夏祖焯有理想化的一面，但也是個實事求是的幹練人才。這本書我只看過其中五篇，就這五篇，我就可判斷出此書結合理想與現實，能有效指導大學生，不是那種天馬行空或老生常談的無用之書。你們要聽我的話，因為我有多年縱橫企業界及商場、過關斬將的經驗，我的推薦及判斷，足以為助。

張人鳳．福茂集團創辦人，董事長

夏教授這本書讀來生動風趣，描寫其過去學校生活情景，令人回味無窮。幽默中帶給人們各方面的觀感與省思。讀一本好書就是和許多高尚的人說話，我思故我在。書中許多名言佳句帶給年輕學子很多思考的方向，引領人生的道路。人生中僅有好頭腦還不夠，重要的是善於利用它，要成大事就得既有理想又顧實際，不能走極端。抓住機會就要奮力邁進，不要被困難所嚇倒，終究會成功。生活好比橄欖球比賽，原則就是奮力衝向底線。

簡信雄．弘翰實業股份有限公司董事長，建中校友會文教基金會董事長夏祖焯教授是少數同時具備科技人的理性分析與文學家的感性幽默的學者，他的前一本暢銷書《建中生這樣想——給高中生的二十堂人生要課》啟發了海峽兩岸許多徬徨迷惘的高中生，也讓家長們爭相傳閱、津津樂道。欣聞夏教授應邀寫了這本《大學的陽光與森林》，拜讀數篇之後，當下感到被敲了一記，那種醍醐灌頂的感覺妙不可言，是的，這就是年輕學生想要知道、需要知道的人生要課。夏教授以他豐富的人生歷練，以及精闢獨到的見解，再度為莘莘學子探討重要思想課題，是一本非常值得大力推薦的好書。如果你無法親自到場聆聽夏教授的演講，那麼趕緊買到這本書好好研讀一番，它會開拓你的視野，協助你建立獨立思考的能力。

吳惠瑜．曾任英特爾臺灣區總經理，現任公信電子及丞信電子總經理、建中家長會榮譽會長

這本書對大學教育和職場生態做了精闢的分析。字裡行間相當務實，表現出求是的科學理性精神，但又兼容人文的感性筆調，值得莘莘學子一讀再讀！有緣與夏教授同在臺北建中校友理事會，文如其人，平實易近，觀點鋒利，然不失幽默風趣。

陳國和．日盛企業集團總裁，建中校友會理事長

大學是人生的一個重要過程。在進大學之前約十八年，父母家人，都不停地叫你「要聽話」，結果教育出來一群缺少獨立思考能力的學生。進入大學之後，沒有任何再訓練，突然要求學生做出正確的判斷，要為自己的行為負責。這是「不教而戰，賊夫人之子。」不是那些被人當砲灰的大學生可悲，是教育體系以及社會環境的失職。夏教授的書能夠提供給對自己有期許的學生、對下一代有期望的家長、對年輕人有責任的老師，一些不一樣的看法，期待未來二十出頭的年輕人，也要有崇高的自我要求。想一想，康熙十六歲誅鰲拜，二十八歲平三藩。我們呢？

白培霖．華邦電子副總經理，清華大學兼任教授，大專聯考狀元，有史以來聯考最高分紀錄保持者

夏教授是個令人印象深刻的人，他心胸開闊，對人、事、物的觀察及分析多深入而準確，而且樂於指導年輕人。以他的聰明智慧，我認為這本書會帶給年輕學子現實的考慮，拓展你思考的方向，以理性及知性為主，感性為輔，成為你思想的啟蒙。

郭譽珮．臺大外文系及北一女校友，大專聯考乙組狀元

藝文界推薦

聽，交響樂團奏了什麼樂曲——夏祖焯是我國語實小的同學，雖然我比他大，但他的學經歷絕對比我豐富，他像一個交響樂團，在他身上，綜合了各類藝術特質，他有橄欖隊球員的力，也有一枝能舞動文學之美的筆，工學院出身的他，又具備工程師的身分，在杏壇和文壇均具影響力，人生智慧和處世經驗更有獨到見解，這樣一位理性、感性兼具的學者、作家，由他來寫一本談論大學生活和畢業後如何走出一條人生之路的書，真是再合適不過；五十年前，我曾在《隱地看小說》中細細分析他的短篇小說〈白門，再見！〉，五十年後，連我也想聽聽他對年輕人說了些什麼，我深信他的新書就是一道陽光和一片森林，會讓我們讀後呼吸順暢，一如正邁向一條陽光大道……

隱地（原名柯青華）．作家，爾雅出版社發行人

學生推薦（無排名先後）

碩士畢業前夕，對於未來方向仍惶惶未定，在學長引介下，有幸擔任了夏老師的助教；老師多采多姿的人生閱歷經驗，一如他上課所分享和播放的影片，傳奇蘊於平凡，豐富而雋永，給我許多啟發，也指引了我後來的方向。

夏老師既為優秀的工程人材，又有深厚的人文素養，這種跨領域結合的特殊人生經歷，無論文學賞析、時事、或臺灣教育，皆有獨到的見解，每每令上課的學生獲益良多。如果你沒有機會修習老師的課，那你一定不能錯過這本書！書中幽默風趣的文字以及精闢的分析，彷彿親臨夏老師的精采課堂。

這本書一卷在手，就像人生的導航，夏老師深入而親切生動的文字，將引領、陪伴你跨越未來每一道關卡。

許逸如．臺灣大學中文研究所博士生

我在清華讀書時曾受教於夏老師，對於老師授課時的熱情與專業印象深刻，課後與老師私下交流，總能讓理工背景的我對於人文領域有更深層的體悟與感觸。

夏老師的文章屏除嚴厲教條語句，將對學子們的建議以設身處地的方式娓娓道來，透過引領思辨的方式，使讀者們在生涯規劃時，不再盲目地處於被動，而能以更宏觀的視野面對挑戰。

沈柏言．清華大學校友，臺大電機研究所研究生夏祖焯教授的書總是能刺激讀者思考，字裡行間滿滿的人生智慧。書中點出許多不論是大學或出社會後所應具備的能力及認知，看似容易，其實都隱藏著大道理。我已經開始期待大學及未來的生活了！

王秉超・建國中學高三

一晃眼，升上大學已經快一年了，雖然大學生活新奇有趣，但有時也會思考著：讀大學的目的為何？意義是什麼？現在就讀的是建築系大一，幸運的修到夏老師的課，夏老師總能用看似輕鬆詼諧的語氣，道出社會的種種現實面，這本書可以讓人開始省思大學的意義，更使我對未來的大學生活充滿期待與希望。

林伊柔・成功大學建築系一年級

從大學校園生活到職場甘苦談，夏老師以淺白、清晰、易懂的文字，反思許多近來討論得沸沸揚揚的議題，像是一場與青年學子的對話，說得慷慨激昂、生動又精采！

吳欣芳・中央大學財務金融學系四年級

夏教授身為一位兼具科學與人文素養的學者，為我們精闢分析科技、文化、生物研究等等的未來趨勢。人類若能有效預估發展走向，將有利於各個層面的進步。科技若無人文，將枯燥無趣；而人文的萌發，又不得不依賴科技的締造，可說兩者相依存而生。其中教授特別警醒世人，科技的愈趨向擬人化、人工智慧，究竟會對社會造成何種風險及隱憂？何種程度的倫理道德的毀滅、資訊的隱私破壞，甚至對於環境、人體的傷害？這些影響，人類承受的住嗎？人類有能力擔負起這劇烈的變革嗎？

夏教授在進行分析的同時，亦提出批判與問題引發世人思考。追求進步無錯，但如何在科技發展和社會穩定間取得平衡，應是所有人都該深思的議題。感謝夏祖焯教授，將不同視野提供給讀者，這無疑是一本值得一讀再讀的好書。

陳品蓁・高雄醫學大學牙醫學系一年級

本書涉獵甚廣，可貴的是能從理性的觀點檢視各個議題，論述時又能兼顧深度。本書為學子們勾勒世界的樣貌，作為他們理解、進入世界的第一步。

黃敬廷・臺灣大學農藝學系（歷史系，雙主修）應屆畢業生作者明快直接的文筆，與比較中西方文化在各個議題的差異，常常能一針見血點出我國教育與社會風氣的癥結。文中對大學科系選擇、職場發展、與公民教育的清楚劃分，更是非常有助於莘莘學子在大學生涯中透過瞭解自己，找到人生的新方向。

王禹期・陽明大學醫學系四年級

夏祖焯老師對大學的分析，在本書裡老師重新探討了大學的本質，可以從既定的臺灣思維跳脫出來，用更加客觀的角度知道自己的方向，不僅僅只是學科問題，還有人文藝術、公民素養、人脈關係，在大學裡能得到的，不僅只是單科的文憑而已，那也不是大學的初衷，而是在一個超多元的學術平臺中學習，發掘自己真正的興趣，一個提升自己的殿堂。

王煥瑜・臺北醫學大學醫學系三年級

我們這一代常被強調應該要「多元發展」，因此雙主修、輔系、外系自由選修、通識課程等「尋求多元」的管道，在我們甫入學便蓬勃展開。可惜的是，我們卻往往不明白為何非得如此。讀這本書，我想絕對有助於令我們更瞭解多元發展的5W1H。

大學最後一年，幸運的修到了夏老師「近代美國及日本文學」的課程。在課堂上所得的卻遠遠超過文學知識本身，老師用幽默風趣的方式和我們分享人生閱歷，更從不同視野切入，向我們分析國際與本土議題。所以多元發展最好的應用，大概就在老師那永遠充滿創意的談吐之中了。這本書對於即將踏入社會的我們來說，真的值得一看。如果你還在思考到底要不要鼓起勇氣跟導師約時間討論未來，那或許可以先試著閱讀這本書，它絕對會帶給你驚喜，因為它把所有你想到的、你沒想到的問題都討論過一遍了！

鄭安妤·成功大學法律系四年級

目次

猶見青山踏遍人未老——前言

「Hinc lucem et pocula sacra」（拉丁文：「此地乃其啟蒙之所及智慧之泉」）

——劍橋大學校訓

海明威在小說《乞力馬扎羅之雪》（"*The Snow of Kilimanjaro*"，或譯《雪山盟》）一開頭寫到該山位在赤道上，山巔卻終年積雪，被當地土著視為一座神聖之山。有人在山頂發現一隻風乾的豹子屍體，豹子到山頂去做什麼？沒有人知道。

我的書桌上擺著一對貓頭鷹雕像。貓頭鷹不是討人喜歡的鳥，但在希臘神話裡，牠代表智慧。聰明（*intelligent*）是智商高、學資歷優良、或反應靈敏、耳聰目明；智慧（*wisdom*）則是一種深刻的體認，慧由心生。有智慧的人不見得聰明，但知進退，顧全大方向，尋求永恆。

兩年前，「聯合文學」出版我的書《建中生這樣想——給高中生的二十堂人生要課》，大陸的

「中國青年出版社」立刻邀約出該書大陸版，上萬冊短短數月內銷售一空。該出版社是共青團的官方出版社，當時的國家主席及總理胡錦濤、溫家寶、李克強均屬「團派」。旋即，臺大附近專出大學用書的「五南圖書出版公司」陳念祖副總編輯邀我寫一本給大學生的書。數度來回，此書付梓。

寫書給大學生，內容不應該只停留在大學階段，沒有那麼多好寫的，而應包括為「未來」做準備。其實一個人四十歲出頭，各方面成熟已達到百分之九十以上；再過三十年只能增長不到百分之十，這包括生活、專業、人生觀等各方面；而過了八十歲可能愈老愈糊塗，但可能愈有智慧。這本書前六章、第十四章與大學生活有關，第七章至第十三章是與畢業後的社會相連，最後附加三章（第十五至第十七章）則是我已發表過的與大學生活相關的散文（「我與橄欖球」、「昨日」此二章原收錄在夏烈著《流光逝川》一書，爾雅出版；「五十畢業感言」發表在聯合報系），以追懷那個逝去的年代。如果你要問我，大學時快不快樂？我的回答似是而非：快樂、也不快樂。

這本書以社會現象及知性報告為主，涉及到大學的理想與現實、職場、個人財務經濟、生命過程等。理性的分析及結論不多，因為人的性格及價值觀在大學時期已定型，以後隨環境改變或受他種理論影響常有限。如果大學生已成年，是否有為他們寫一本書的必要？為什麼他們自己不能摸索做判斷？實際上，這本書我只是勾畫出一個方向，多是鋪陳事實及思考模式，大致寫出應注意哪些，以及社會上的一些現象，最後決定還是讀者自己的。我看過一些鼓勵青年上進的勵志書籍，多是八股或高調，看了和沒看一樣。這種書有人寫，有人出版，還有人看，和「我的座右銘」一樣，是一種鴉片，很難成爲有效的改進。

這本書裡提到一些現實政治，當然涉及學生運動——近百年來，五四運動、國共內戰時學生罷課、保釣運動、六四天安門事件……這些都是由大學生開始。我在建中唸書時參加「五二四劉自然事件」對美國大使館及臺北市警局的攻擊，晚間衛戍部隊開入城，槍聲大作，兩個建中學生倒在血泊中，身上還背著書包。在美國唸博士學位時又加入反越戰示威，用手帕拾起催淚彈向警察擲回，以及與國府對抗的保釣運動。諷刺的是：多少年後，我在美國聯邦政府任美國官員（工程爲主），也曾與當年負責鎭壓五二四事件的警務處長的公子在美交友，談到這些事……眞是此一時也，彼一時也，有爲者亦若是。不管學生的政治運動是對是錯，不管是背後被政黨利用或是自發，教授都必須要瞭解及尊重。這不是明辨是非的問題，而是年輕人的天性。如果年輕人個個老成持重，深思熟慮，縮頭縮尾，那麼這個民族就失去活力，沒有希望。二〇一四年反服貿運動，學生占領立法院，我告訴任教的臺南成大及新竹清大學生，我個人百分之百贊成服貿，連原因都沒告訴他們（也沒人問），但是去臺北立法院靜坐抗議的只要出示手機照片給助教看，就不算曠課。助教告訴我有約十個同學出示照片，卻沒有一個來與我辯論（也說不定是趁機去看熱鬧的）。因爲民主時代不會強硬處理，沒有流血場面，沒有入獄的思想犯，所以現在的學生做不了英雄，有點可悲。不像我年輕時要準備上戰場與中國人民解放軍作戰，又要與國民黨的軍警情治對抗。

我曾是一個自由主義色彩濃厚、叛逆性強的青年，因爲政治案件幾乎不能出國。一轉身，大學已離去那麼多年，現在坐在桌子的另一邊，轉變為一個傳統的老師，教起書來了。課堂上也教課本之外，那些生活上、人性上、職場上、政治上、宗教上、公民道德上有關的物事；還有教先進國家歐美人及日本人的文化習俗及心態，這是因為我教外國文學，在國外住很久，對他們有相當的瞭解。大學教育的目的不應只是為了未來的飯碗做準備及預習，那索性就像歐洲一樣設立許多職業學校算了。大學教育除了培養學術研究人才外，還要培養各行業的領袖或棟樑，所以他們應該對所處社會及世界有多面的瞭解。只有這樣教，才是一個成功的大學教育。

大學有它多采多姿的一面，不同於高中的嚴謹及多方限制，大學自由得多，起碼有選課的自由，上課時間的自由，上課座位的自由。因為如此，有些學生鬼混、打牌、全職兼差打工，也能混畢業。甚至有些臺北一流大學不簽到、不點名，考試作弊時，老師睜一隻眼，閉一隻眼。也因如此，以後國家棟樑的為人作事態度可想而知了。

隨著大學數目的增加，各校教育的方向不同，校內更充斥著各種大學生。因為人的性格本來就不一樣，由鑽研學術到混學分的都有，尤其本科生是剛從高中籠子裡放出來的鳥兒，忽然飛入自由的天空，困惑與無從伴隨而來，所以常有「如果我再回到大一」這種文章出現。當然，許多大學生自律頗強，成熟得夠，很快看出自己需要什麼。記得自己大二時就在猶豫是否由工學院轉學到政大新聞系去。四年下來功課極糟，常常缺課，多數時間在橄欖球場、舞會、閱讀尼采、電影院及約會女友中度過，幾乎畢不了業。但是到美國唸研究所卻無問題，攻博士學位更是出類拔萃。為什麼？因為年紀大、心定了。友人李君與我小時玩在一起，不擅唸書考試。多年後他告訴我那時看我們都考入好學校，他心裡很慌，不知自己以後未來如何。我說你國中少年時能有這種擔憂，就代表可能成功。後來他陸軍官校畢業，帶兵，退役，成爲成功富有的營造開發商，在臺北建大樓。我說這些，就是要告訴各位，不是只有讀書一條路。因爲有許多人不擅讀書考試，這條路走不順並不是這輩子就完了，人的一生上上下下，沒有人永遠是winner。但是成功的人永遠是那種在某一段時期相當努力，以及冒險。小聰明對讀書或事業幫助有限，因爲這世界上聰明的人太多了。

經常有人問我現在的大學生怎麼樣？尊師重道嗎？留學外國嗎？重視成績嗎？是不是一代不如一代啊？我的回答是「難以相比」。今天時代不同，起碼我的大學時代沒有網路，要去封閉式的圖書館查資料；我的時代還有處女情結；有反共抗俄；國民所得與美國比是1:27，現在是1:2.5——增長了十倍多；我的時代沒有兩岸的競爭，只有戰爭；沒有資本主義，只有社會主義；每家好幾個孩子，現在人口零成長……。如此，大學生的心態也不可能相同，重點不同，資源更是不同，如何相比？請問：我那一代如何與抗戰時的大學生比？那一代又如何與北洋軍閥時的大學生比較？所謂「一代不如一代」正確嗎？一次大戰時，純潔的美國青年響應威爾遜總統（Thomas Wilson, 1856-1924）的號召，抱著崇高的理想，爲了正義，爲了和平，爲了保護人類的文明，爲了追求個人的新價值走上戰場。到了戰場上，他們看見了戰爭猙獰的眞面目——屠殺、敗德、謊言、混亂、無理性、狂暴，他們嚇壞了，失望、憤怒、茫然、幻滅隨之而來，於是他們成爲海明威（Ernest Hemingway, 1899-1961）

筆下「失落的一代」（The Lost Generation）。我們的青年，面對分裂的意識型態，面對苦悶的22K出路，面對對岸強大的壓力，是否茫然與惶恐？還是隨波逐流，又成爲「失落的一代」？有些人將這些不解訴諸宗教，但是，宗教領袖根本無法也無意去解決國家與社會問題，更說不上對外的衝突爭端了。

人類早期由口語得到訊息，然後是報紙印刷物，再進步到收音機、電視、電腦，目前是用網際網路（internet）及物聯網（IOT）來瞭解世界。近百年科技以冪數的速率發展，本書中有一篇介紹未來發展，不知一年後有多少已過時或被取代？書中還談到公民道德，我觀察到任何一個強大的民族，如德、美、日，都是對自己民族有信心，以自己民族的文化爲榮，要自強才能堅強，我們的大學生有民族信心嗎？如無，爲什麼？書中還提到職場上的許多問題，因爲愈來愈走向資本主義的商業社會，這些問題應該提出來討論。

我在臺北唸中、小學，臺南唸成功大學，美國南部的德克薩斯州唸碩士，又去北部的密西根州唸博士，然後在美國各地工作，做工程師，也做行政工作；再回臺灣教書，卻教文學。可說經歷豐富，感觸良多，應該適合寫一本給大學生的書。這本書不是理工，不是文學，反而應該歸類爲社會科學。如此，我是跨三大領域了。

我的教書生涯始自文學課程，教授近代歐洲文學、美國文學、日本文學、文學與電影、及現代中文小說與散文等課程，同時也擔任過世新大學自然科學組的召集人，這是因爲我的學士、碩士、博士全部是工程。後來到成大及清華去教書，是在教育部「五年五百億」菁英條款下被聘用。一般是國立大學退休的教授去私立大學教書，我適得其反由私立退休後到公立。因爲經歷不同行業，居住不同國家，浸潤不同文化，也跨越人文與科技二大不同領域，與各國各類的人交往。我把這些經歷、思索、談論化爲文字。有同學告訴我還要加入一些私人的小故事，一些個人的看法，才能吸引讀者。但是我還是以做介紹爲主，儘量的寫成廣而淺的篇章，避免做結論式的論述。

坊間沒有一本專門寫給大學生的書，但單篇文章不可能少，多是勵志性質或大道理鋪陳，如溪水來來回回在山中迴轉。我已逐漸老去，這本書能否給年輕人一些指點，像堂堂流到山腳將出前村的那條澗流，還是老生常談？等你告訴我感覺如何。

輯一

給大學生的十四堂講座

第一章　大學教育何去何從

"Higher education therefore has a social, an economic, and an educative role that extends well beyond its walls and its own students."

—— Jan MacArthur，英國教育學家

大學是個學位，是個階級，更是個目的，但不應該是個（人生）階段。因爲它可有可無。起碼婚姻、購屋、生子、就職……就比大學學位更應列爲人生階段。由於我國大學錄取率超過百分之百，有些年輕人和家長就以爲這和十二年國教一樣，是必須經過的階段。

大學的歷史

大學英文是University（法語：Université，德語：Universität，拉丁文：universitas），由Universe「宇宙」一詞演變派生而來。歐洲第一所大學是一〇八八年在義大利成立的波倫亞（Bologna）

大學，以後一百年左右有法國的巴黎大學（約一一七〇），英國的牛津大學（一一六八）、劍橋大學（一二〇九）等名校相繼成立。至一五〇〇年（我國明朝中葉），歐洲已有八十所大學。然而第一所現代化的大學是一八一〇年在德國柏林成立的洪堡大學（Humboldt University of Berlin），此大學結合了教學及研究工作。在此之前，歐美大學均沿襲修道院教育傳統，以培養貴族、教師、政府官員及神職人員爲主，不重視研究。早期的學院十分類似今日之神學院，受制於教會。相對於洪堡（Wilhelm von Humboldt, 1767-1835）在柏林所建教學與研究合一的大學，英國人紐曼（John Newman, 1801-1890）則強調人文教育的重要性，要學習基礎及原創的知識。換言之，他認爲大學教育和學術研究應分開，大學不是爲了科學發現或哲理開創而存在。因爲人類許多偉大科學發明、哲理創建及不朽文學著作，都不是在大學裡完成的。

世界上第一所大學大概是埃及開羅的Al-Azhar大學，建於公元九六九年，前身是個有名的清眞寺。美國第一所高等院校是建於一六三八年的哈佛大學，比一七七六年的獨立還早了一百三十八年。哈佛所在地Cambridge就是劍橋，這是因爲哈佛創辦人多是英國劍橋大學出身，包括以其爲名的英國籍哈佛牧師（John Harvard, 1607-1638）。哈佛畢業生說：「先有哈佛，再有美利堅。」

中國的大學可追溯到四千多年前五帝時期的成均，虞舜時期的上庠，夏朝的東序，漢朝的太學，隋唐以後的國子監，唐宋的書院（如白鹿洞書院、嶽麓書院）……。到了清朝末年，一八九五年成立「北洋大學堂」，一八九八成立的「京師大學堂」是北京大學的前身。民國之後名稱正式改爲

本土野雞及外來野雞大學都頒發學位

「大學」，這個名詞大概是由日本傳過來的。如今中國大陸約有八百多間招收本科生的大學，以北京大學及清華大學爲指標性大學。臺灣的綜合大學指標是「臺成清交」，成大在南部，臺大、清大及交大在北部。目前全臺有近一百七十所大學，學生總數近一百三十萬，私校學生遠比國立多。野雞大學（英文是Diploma Mill）分本土野雞及外來野雞兩種，目前不多，會不會增加，難以預測。

日本的第一所東京帝國大學成立於一八七七年，以後陸續成立京都、東北、九州、北海道、大阪、名古屋等帝國大學。臺北帝大則成立於一九二八年，臺灣學生六名獲准入學。一九四五年日本投降前，臺籍生高達三分之一，因爲在臺日人多被調去當兵或戰死。一九四五年投降後，這些大學去掉「帝國」二字。日本私立大學最強的兩所是早稻田大學及慶應大學，素質高，但在帝國大學之下。

大學的目的、宗旨及校訓

大學是不是菁英教育的最後一站？大學應該領導社會，還是要被社會牽著鼻子走？是追求眞理，還是追求職業？是爲國家社會教育出偉大的思想家、科學家、人文或藝術大師，還是製造腳踏實地的建設人員？臺灣有近一百七十間大學，是不是太多了……這些問題不可能有標準答案，因爲時代在改變，大學的宗旨和目的也會隨時間、隨地域而變化。以下列出大學的目的：

1. 建立獨立思考。
2. 結識好教授及對個人未來有利的好同學。
3. 學習專業知識及技能。
4. 變化氣質及文化品味。
5. 培養優秀公民。

很容易觀察到：第1、4、5項是人格素質的養成，與2、3兩項「爲未來鋪路」顯然不同。如果一所大學的目的是實行菁英教育，養成優秀出色人才，則應重視通識教育，培養廣泛知識，進而促進發展潛能。另一類大學則是注重職業技能教育，畢業後很快能適應職業發展所需。這兩種大學不應角色混淆，目標錯位。這和大學的自主權有關，自主權主要是財政及人事聘用獨立，不受政府過分牽制；還有學術自由、學術中立，及學術自治。

連續劇「人間四月天」描述徐志摩與林徽音在劍橋大學的纏綿戀情，貫穿校園的康河在徐志摩筆下溢散著浪漫的色彩……你腦中立刻隱約勾畫出一個情境：微風吹拂、白髮飄零、含著菸斗的老教授與年輕細瘦、帶著眼鏡的大學生沿河散步，踏著青草，穿過垂柳，左邊窄河中撐篙的細船正滑過

「人間四月天」中的劍橋大學

拱石雕琢的康橋。教授和聰慧學生激盪的談論著，啓迪以後這年輕人創造智慧的結晶或不朽的著作。牛頓、羅素、拜倫、克倫威爾、丁尼生、達爾文、米爾頓……這些著名的科學家、作家、政治家、詩人、哲學家都出身劍橋大學。是劍橋造就了這些人，還是這些人造就了劍橋？劍橋的校訓是拉丁文「Hinc lucem et pocula sacra」（此地乃其啓蒙之所及智慧之泉）——二十世紀後有六十一名畢業生得到一九○一年開始頒發的諾貝爾獎，超過哈佛大學（六十名）及哥倫比亞大學（三十九名）。

同樣地，哈佛大學的校徽上有拉丁文「VERITAS」（眞理）字樣，校訓是「Amicus Plato, Amicus Aristotle, Amicus

VERITAS」（拉丁文：以柏拉圖爲友，以亞里斯多德爲友，更要以眞理爲友）。實際上，哈佛最早創校時是以宗教爲主，早期的校訓竟然包括「In Christ Gloriam」（榮耀歸於基督），你看差別有多大！後來哈佛加入人文教育，一百多年後才增加數學及自然科學，那也是受了彼時歐洲啓蒙運動（Enlightenment）及工業革命的影響，不得不順應新興工商業對應用科學的需求。此外，爲了響應美國開始快速工業化，在一八六一年設立的麻省理工學院校訓是「Mens et Manus」（拉丁文：理論與實踐並重）。

由這些著名大學的演變：宗教→人文→科技，我們可看出，也可預期大學的創校宗旨並不是一成不變。這些名詞：「眞理」、「啓蒙」、「智慧」、「理論」、「實踐」……究竟代表什麼？是空洞的口號，還是眞正的勾畫？能實際執行，還是作秀？大學有不同類別，不同科系，當然也有不同的宗旨和目的。個人認爲文字可以儘量學術化（甚至用拉丁文），但符合實情更重要，而且最好不要落於八股俗

Motto: Hihc lucem et pocula sacra (Latin)
In English: From this place, we gain enlightenment and precious knowledge

劍橋大學校訓：此地乃啓蒙之所和智慧之源

套。臺大的校訓是「敦品、勵學、愛國、愛人」。北京大學沒有校訓，代表尊重學生選擇：「在北京大學，你接觸到各種各樣的人，每人有自己思路，都不一樣。」臺大的校訓與劍橋、哈佛的有何不同？北大的無校訓是否是最好的校訓？在臺灣，由專科升格而來的衆多科技大學的設立目的是否與一般大學不同？科技大學是否應該或可以更升格爲一般大學？如此，兩種大學搶飯碗的問題如何解決？作學術研究是否兩種大學重複而浪費時間精力？進化論「優勝劣敗」要如何在大學的設立目的上發揮……最後，這些問題，教育部有沒有答案？

大學品質及出路

大學是最高學府，但在臺灣有許多專科學校晉升爲科技大學，引起廣泛討論它們是否合格，及應否頒授正式學士學位？有一返國擔任科技大學系主任的女士告訴我，她系裡大部分學生的英文程度不及國中生。換言之，要這些大學生國際化、全球化（Globalization），簡直是作春秋大夢！成大水利及海洋工程系前系主任詹錢登教授（柏克萊加州大學博士）也曾經告訴我，大學教育不要過度鼓吹國際化，我們所謂的國際化，其實就是英語化，鼓勵英語教材與英語寫作卻忽略中文教材與中文本土寫作。許多國內外名校高學歷的工程師，對於本土實際問題的瞭解不夠，在地方上工作時常有溝通問題，甚至格格不入，貢獻不如技職教育出身者。詹教授認爲鼓吹國際化的同時，更應該重視本土化。因此，是否所有大學都要走全球化的路線？如果以後只是作本土性質的地方工作，這些技職大學及學院只製造地方人物，沒想到全球化，這有什麼不對？但英語閱讀及瞭解外國新發展對純地方工作者還是重要，總不能自鎖落伍吧！

因爲中國上千年深入人心的科舉制度（如今以進入大學取代科舉考試），「萬般皆下品，唯有讀書高」及「學而優則仕」的心態，再加上許多藍領及黑手家長希望子女一圓他未成之夢——唸個大學。於是近一百七十間大學像雨後的蘑菇一樣紛紛冒出來！學士學位是否給得太便宜了？這還是要看最低標準訂在哪裡，還有相當於「全民皆兵」的「全民皆大學生」有何利弊。

如果因爲大學太多而畢業後找不到適合大學生的職業，那就要由「市場機制」來決定了。找不到事的就要「下嫁」，以收入爲主，不是以職業爲主。因爲開個館子，在巷子裡弄個水電行的收入不輸白領工作。我剛去美國唸研究所時，入學前趁暑假在舊金山的義大利海鮮館非法打工三個月。端盤子的職業侍者有三分之一以上有學士學位（當然不是電機系的）。他們說作跑堂的有歐洲口音及男同性戀這兩大條件者，小費收入最高。我在摩爾紅木公園與一個拿昂貴長鏡頭相機的人攀談，他說他大學畢業，現在開大垃圾卡車，收入不錯，清早四點上班，十一點收班。其他時間都是他的，嗜好就是照相，有好幾款大相機。這些人就是有個中等收入，上工時間之外，做自己喜歡的事，並不認爲不做辦公室白領職業有什麼不對，你說呢？當然，美國佬也告訴我，有大學學位的女子還是不願嫁沒唸過大學的男子，虛榮心人人都有，而且全世界都認爲丈夫的學位及學問最好都比妻子高。我說這些就是要闡明大學學位並不保證相關的工作或職業。找不到，你就要認命！那麼，為什麼要設立這麼多大學，給這麼多學位？讓我告訴你，好處是：唸大學成為較高品質國民，分析力增強，犯罪率降低，生活品質較高。至於找不找得到適當的職業，那就是你個人的事了，不必怨天尤人，記得：「市場機制！」

大學的未來，未來的大學

我們可以討論臺灣未來某些大學的改變與走向。首先，我們社會上許多發展及制度都受美國影響，遠比受歐洲或日本多很多，教育上不管學制或教育方式都是美式的。

一、私立與公立大學比較——經費問題

1.大學主要有五種經費來源：政府的教育預算撥款、學費收入（包括推廣教育）、私人及企業捐款、產學合作收入、設備及場地經營出租。美國前二十名全是私立大學，只有柏克萊加州大學及密西根大學有時在前二十大掛車尾。為什麼？因為私立大學多年來捐款基金充足，當然可聘請名師，招高徒；而科技的研究更需要大把銀子，光是實驗室設備更新就不是開玩笑的，再加上動不動師生出國作研究，那還得了？美國二〇一二年僅一年的教育捐款就高達三百一十億美元（也就是九千三百億臺

幣）。同年，英國只有十二億美金的教育捐款。美國人有捐款的習性及傳統，另一原因是美國的所得稅比歐洲要低，甚至低不少，所以有較多餘錢作捐款。美國每年大概有三千億美金的捐款，這數目當然有：

(1) 大部分是捐贈給各種慈善事業；

(2) 中部及南部各州因傳統保守，收入低，篤信基督教，所以多捐給教會（實際上，教會要求信徒收入百分之十作爲捐款）；

(3) 這中間百分之十的三百一十億美金是捐給大學，捐的人多是高收入、教育程度高、住在高房價區的上層人士。換言之，他們認爲捐給教育機構要比捐給慈善事業或教會更値得！爲什麼？美國這強烈資本主義的社會有一句話：「貧窮就是罪惡。」不妨去想一想吧！

因爲大量的捐款，所以全世界排名前十名及前百名大學多在美國。諾貝爾獎有關學術的四項（物理、化學、生醫及經濟，其他二項非學術性的是和平及文學）得主，多是美國人取得。

2. 如果作一比較，我國公立大學要超過私立大學：臺成清交領軍，加上陽明，再下去的中字號（中央、中興、中山、中正）都在最好的私立大學之上。這情形會不會改變？私立大學會不會突破？我看不會。因爲國人願捐大筆錢給各種宗教及廟宇，或留給子女親屬，但沒有捐給學校的習慣。再者，美國私校創校早，多是百年以上歷史，學生多住校，校方教職員對學生採取多方照顧的態度（不像我國是採管理態度），養成學生以校爲家的觀念。有朝一日學生功成名就，搖身變爲富豪，或居大公司要津高位，就會想到回饋母校。那不是小數目，常以百萬美金爲計算單位。爲什麼不留給子女？因爲錢不是子女賺的，所以留一部分給他們就可以了。

這裡我要說明一點，如果是想積功德而捐給廟宇或教會，那你積不到功德。因爲受惠的是你個人，怎麼可能積到功德呢？要捐給教育，造福學子及國家社會，才積得到功德。

無論如何，我國近一百七十所大學中有超過一百所是私立大學，在可見的未來，品質不會超過國立大學。但可在某些特色科系超越，比如世新的新聞及傳播、東吳的中文、輔仁的日文、東海的建築及社會系。

二、主修科系的變化

外國大學大一及大二多不分系，學生可在入學後才發現自己眞正的興趣及能力，少數出路極好如電機系除外，醫科及法律是學士後才可進入。我相信臺灣也會逐漸走上這條路，延畢的學生因此增加，因爲任何一系還是要修畢核心必修課程才能畢業，如果前兩年舉棋不定，免不了會多修許多超出畢業學分的課。目前學制沒有這問題，因爲少有「大一、大二不分系」這回事（學士學程只是少數學生）。實際上，如今美國大學生四年畢業的愈來愈少。以前，在臺灣延畢被認爲是不上道的事，是課業不及格才延畢，現在不會如此想，因雙主修及增加選修超過二百學分而延畢的有志之士大有人在。如果家長如此想而壓迫子女四年畢業，那是錯誤。

三、跨領域學習

跨領域學習的時代已經來臨！每個系的課程內容是固定的，幾年之內不可能修改，但業界在變化，學校趕不上這些變化。現在職場上需要的不僅是「I」型的專業人才，而是「T」型對其他領域都有相當知識的人，也就是通才，因爲作事不是像裝配線上的工人一樣，老作一件事。還有雙專業能力的「π」型人才。所以大學時期就要作跨領域學習。至於學哪些？學多少？會不會因此延畢？那要請教有業界經驗的教授，或業界校友，老大哥了。如果跨系修課怕不及格，我建議旁聽不修學分，但旁聽要駐記在成績單上，因爲這成績單對求職有影響。

這種跨領域學習愈來愈重要，不僅是長知識，也是開廣視野的起步訓練。所謂跨領域，可以是跨接近的相關領域，也可能是人文與科技或科技與政治完全不同的領域。有些你跨得過去，有些跨不過。這些課程可能在通識的課單上，也可以是比較深入開在他系的課程。人的精力及時間有限，你還要談戀愛，還要打工賺錢……所以，你能跨多少令你頭痛的領域？

四、線上及跨校、跨國、跨洋修課

遠距教學行之已有年矣，成效難定。至少，網上開課在臺灣並不流行，也有許多教授不願，或不習慣將自己的面孔、聲音、動作及講義搬上銀幕。這就像電子書在美國已大行其道，但在華人聚集的新臺中港（新加坡、臺灣、中國大陸、香港）並不流行。然而，網上修課將有一新紀元出現，往後會影響到許多教授的飯碗——那就是唱作俱佳、出衆的名教授將課程搬上銀幕，全國各大學學生均可上網聽課及互動。於是無競爭力的教授及課程逐漸消失，供選修的通識課程更是愈來愈少，課程愈來愈精良。學生由校方輔導分級，內容不一定要限制在一學期內，甚至學分可彈性改變。甚至，有些線上修課已跨國界、跨大洋。比如麻省理工學院（MIT）物理系的陳敏教授已使用MIT的EDX，將二門MIT的物理課隔美國大陸及太平洋傳到東海大學授課。陳敏說他可用遠程監視器及專用軟體來考試，或他在期末親自飛去東海監考及與學生互動。而那課程並不一定是他講課，是另有美國名校其他能言善道的教授上螢幕。這樣下去，許多教授將淪爲助教，或只作研究，或丟了飯碗。

五、洋學位與本土學位

日本一九四五年戰敗投降，一片瓦礫。而一九四九年京都大學的物理教授湯川秀樹（一九〇七—一九八一）爲日本取得了第一個諾貝爾獎。他完全是受日本教育，不像其他八名華裔學術類諾貝爾獎得主全是英美教育體系出身。日本在一九五〇年代開始快速經濟復甦，之後不久，日本的本土學位就比洋學位找事要吃香了。

原因不外學術水準提高，本土學位與在地關係較深，加上教授總希望用人脈，將自己的學生推上崗位。這種現象於一九八〇年代也在臺灣出現，洋學位不一定繼續大吃香。其中最重要的原因是一九八〇年代時經濟起飛，所以人們的自信心增強。這也反映到宗教上，早先來自歐美的基督教勢力及影響力龐大，國父孫中山、蔣中正、李登輝均爲基督徒。如今臺灣信徒最多的宗教是源自中國本土的道教，及植根多年的佛教。基督徒（新教及天主教）只有百分之二左右。在教育上，學校裡的教授及主管不少是本土博士，而且有愈來愈多的趨向。再下去，有另外一個變數加入，那就是會有大陸教授來臺灣任教大學。有些臺灣的名師已被極高薪聘去大陸，我看開放大陸教授來臺只是早晚的事——我們總不能只出不進吧！至於歐美籍教授很難聘來臺灣，因爲此間薪酬不到歐美一半，而且學術水準及儀器設備難與歐美相比。

我也鼓勵我的學生去大陸工作或讀學位，以開展視野。去大陸工作總比去美國工作容易吧！

六、生物科技系所擴充

電腦及網際網路相關科系在一九六〇年代之後大行其道，下一波是生物科技，而且可能更厲害。爲什麼？因爲這和人體有關，和我們的健康和壽命有關。電腦走慢一點頂多生活較

諾貝爾物理獎得主湯川秀樹完全是日本本土教育出身

差，生物科技可是和我們的生命直接扯上。由於基因圖表及基因工程的迅速發展，許多前所未知的人性及特長（比如脾氣壞、畫圖好、愛哭笑）都可能由統計及基因找出來。

七、技職、一般及研究三類型大學大混戰

這三種大學的劃分似是清楚，實際上不清楚。爲什麼？因爲我們的民族性講求圓融，混在一起馬馬虎虎。再下去會有大批大陸學生及東南亞學生湧入臺灣，添補少子化的空缺，這場一百六十多所大學的混戰更是火上加油。

許多技職大學開始走學術研究的路線，如此可提升身價。從實際層面與報導來看，技職出身可能最快得到出路，現在又有學位，眞是合算。同樣地，也有些一般大學及研究型大學開始強調就業訓練及學分，也就是和技職大學畢業生搶飯碗。美國的大學定位較清楚，舉例說，畢業生後來唸博士學位比率最高的是南加州的Harvey Mudd College（百分之四十唸博士），第二、三高的才是MIT及哈佛大學畢業生。Harvey Mudd學生不到八百人，只出產學士，無博士學位。它的定位就是大學本科，不是研究所。我曾勸臺灣某私立大學只要專注在招收學士，放棄碩士、博士。反正這種學校的碩士及博士也不值錢，搞不好說是某大學的博士，人家還以爲是說笑話，看他的博士論文就是在看一本「笑話大全」，那又何苦？

個人認爲：學術研究只屬於少數智者，不應是大眾的、通俗的、普及的。

八、兩岸修課及兩岸學位

因爲兩岸關係大幅度改進，臺灣海峽平均水深不到五十公尺，窄處僅寬一百三十公里左右，「臺灣海峽隧道」已在開始規劃。所以兩岸「雙聯學位」及「聯合課程」機制指日可待，跨校的「學分銀行」也會吸引大量學生。而短期大陸經驗有利於在跨國企業及多國公司就職機會。換言之，能招收大陸學生來臺，解決部分野雞大學關閉命運，也會提高臺灣學生的國際競爭力，因爲大陸現在已經是世界一流強國，他們大學生的國際觀超過我們的學生。

結語

雖說船到橋頭自然直，「市場機制」可爲導向；或如西方人所說：「Things will take care of it-self.」但數十年來漫無目的，甚至受選票影響的教育政策決非正途。有人把臺灣的十年教改與大陸文化大革命的十年動亂作比較。我們可說技職、一般、研究三型大學可互相轉換，但是這樣轉換浪費了不少精力及資源，收穫很小，損失很大。

人類文明的進步是由科技帶來的，物質生活改善及壽命延長也拜科技之賜。但是人的素質提高，言談舉止有教養，品味典雅卻與人文教育息息相關。我們要好生活，也要好品味，也就是人的氣質。

第二章　科系能選擇嗎

「萬山不許一溪奔，攔得溪聲日夜喧，到得前頭山腳盡，堂堂溪水出前村。」

——宋詩人楊萬里《桂源舖》

這個問題幾十年前就存在，也比今天嚴重得多。因爲那時大專院校少，去掉不給學士學位的專科，大學錄取率應低於百分之十幾。如今有近一百七十所大學，以各種管道入學超過百分之百，也就是有些大學的新生不足額，甚至有些科系招生掛零。也有一私立大學教授七人，新生報到一人。大學多了，科系選擇也容易得多，我入大學時只有臺大、成大、中原這三所有大學部的工學院，那時清華、交大、中央只有研究所。醫學系只臺大、高醫及國防醫學院有設。

進入正題討論前，我們必先複習並釐定科系的分界，大體上分爲四大類，簡單歸納如下：

1. 自然科學（Natural Science）是相關數學、物理、化學及生物的科系，它們是基礎科學，研究自然界已有現象，所以是發現（Discovery）。應用科學（Applied Science）包括工程、醫學及農學三大項，是將基礎性的自然科學化爲實用，所以是發明（Invention）。兩者重視的都是自然現象，基本上並不特意強調「人」的價值及人的內心世界。。

2. 人文藝術（Humanities）以延續文化、陶冶人的心性爲主，重視的不是自然現象，而是人的內心世界及人的價值。八大藝術包括繪畫、雕刻、音樂、文學、電影、建築、舞蹈、戲劇。

3. 社會科學（Social Sciences）是以科學的方法研究人類的行爲及社會的現象。因爲是研究人類的行爲，所以與人文藝術較接近。社會科學包括範圍廣，由政治學、經濟學、法律、行政、教育、人類、地理（人文）、歷史學，到社會學，包羅萬象。

4. 另外，近年來因社會變化而有科際整合（Interdiscipline）的科系出現，數量不多，但在慢慢變化中。科際整合的參與者是由傳統學科培養，常陷於各自學科的窠臼中，所以必須試著接受不同的視角和行事方式。

一般說來，科系選擇不外三大因素：就業市場、才分、興趣。至於爲了宗教或家庭傳統因素作選擇是少數，不列入討論。

就業市場

就業市場就是工作是否容易取得及薪金報酬多寡。一般說來需要執照的工程師、醫師、律師、會計師出路容易，薪酬也高。這些工作如無四年專業訓練，不會被錄取。專業學科（Professional School）只有工學院、醫學院、法律系及會計系。其他舉例如記者、編輯、電視播報員……就不一定要新聞系出身；多數政府或公司的行政工作也不限制科系出身。對男學生而言，畢業後就業市場常列第一考慮，因爲社會及家庭對男生的企望遠高於女生。自古以來，女性常靠婚姻改變自己的命運，男性辦不到，不必打這個算盤。女子在適婚年齡考慮未來夫婿的條件是經濟、領導、職業、照顧、學歷、魄力……等，男子外貌儀態固然要作匹配，但並不排在前面。男孩子幾乎在國三就被家長詢問以後職業選擇。我所知美國不是如此，美國佬取安格魯．撒克遜（Anglo-Saxon）文化，尊重孩子的選擇，但也常在孩子高中畢業後不再幫他們的忙，不再指導他們。我們的孩子在高中分組，入了大學才想轉熱門科系（如醫學或工程）會有些困難，所以高中就得在課業上拼老命。

一個人的就業年分大概是四十四年（二十二歲大畢至六十六歲退休）。這四十四年內職場會有變化，舉例：我高中時，工學院最高分是土木工程系，後來工業發達，土木系就下去了，十大建設時又上來。數學系在理學院是低分，後來電腦興起，數學系分數就上來了。白色威權時期，法律系出路不好，後來解嚴及對外貿易交流大量展開，法律需求增加，成爲熱門科系。那時尚未進入資本主義，商業不發達，人文社會組的外文系錄取分數常超出商學科系，列最高分，因爲進入外商或外交工作，那可是金飯碗啊！會洋文，當個空姐或空中少爺，可是拿美金啊！如今這些只能列爲「還不錯」。在我的父母年代，國家落後，唸人文社會比科技出路還好，當然，那是八十多年前的事了。如今，財經有關科系也水漲船高，因爲接近鈔票，所以收入可以相當高。

然而，時代在改變，今日的女性大學生人數與男性不相上下，而且不婚、晚婚及離婚女性愈來愈多，女子進入主管級也大幅增加——她們不見得要靠男人，或不能靠男人。男女交往或婚後因表現不盡理想被女性dump掉的男子愈來愈多。由此觀之，女性會愈來愈重視所唸科系是否出路良好。於是，以前機械工程系唯一女生外號「機寶」，水利海洋工程系是「水寶」，電機系是「電母」……現在工學院有相當多女生，女教授也會愈來愈多。男子的專利已經由搖搖欲墜到晚景不保，如是。

性向才分

其次是性向及才分，明明電機系、醫學系、資訊系出路好，就算你考進去了，唸得來嗎？痛苦掙扎，就算畢了業，還有四十四年的痛苦掙扎，你這輩子就是：（掙扎+掙扎=苦惱+少活幾年）。還有一點很重要，理工醫是累積性知識，必須按部就班先打下基礎，才能唸下一門課，無法中間插入，因爲根本看不懂。舉例：沒唸三角、大代數、解析幾何就不准唸微積分，接著不得唸微分方程，再下去不得唸流體力學、複變函數、邊值問題……等等。但人文社會學習常是非累積性知識，可中間切入。簡單的一句話，如果中學時數理、生物成績不好，就無法進入相關理工醫商科系。如果爲了出路強行進入（當然是較差的大學），也許可以苦讀下來，也許多唸一、二年補課，也許第一年就轉出。不成就轉出，頂多晚個一、兩年。起碼你試過了。

唸數理組或人文社會組當然與性向及能力有關，這是遺傳、是基因、還是環境？無法定論。以我個人而言，自國中三年來數學就名列前茅，建中三年下來也一直如此，但大專聯考物理只得二十分入工學院，數學還是極高分。我深知興趣不在理工，還是留美取得工程博士學位。以後在民國八十三年取得「國家文藝獎」，也任教大學，擔任外國文學及電影方面的課程。照理說，文學上有創作天分及興趣可能遺傳自父母。但我深知自己最大的興趣還是在社會科學，文學則是有天分，興趣卻有限。如此向各位說明自己在科技、文學及社會科學三方面的才分、興趣及性向。

說自己大學聯考物理只考二十分，諷刺的是留美博士學位卻唸的是固態連體力學及黏彈性力學，那是數學及物理的結合。這該怎麼解釋？我唸理工課程要慢慢咀嚼，才能消化；生物也是平平，也沒多少興趣；讀人文或社會書本卻能一目十行，過目不忘，很快就能領會及吸收。這表示我的讀書天分及性向不在理工醫。

一位社會學家觀察到長期生活在科技穩定及單純體系裡的人，不會去思考另類的可能性，也不想跳出自己的價值體系去理解與他不同行業的人。其實不是他才分不夠，只是無此意願，甚至藐視他類行業對社會的貢獻。一位名醫對我說：「那些高中在我們下面唸人文社會的，現在做了官爬到我們上面來了。」我聽了大不以爲然——幸好自己不是活在單一體系的人。還有，單一想法的人如果以後進入政界，必須要作大幅度的改變，因爲人性及人心不盡相同，所以「知人」及「妥協」相當重要，黑白分明及是非立場堅定是大忌。那些政界人士常立場多變，是非混淆，但是善於言詞及見風轉舵。理工醫則講究精確性，不可能變來變去。

此外，我還要提到一點，在大學的各院系文化不同，到了職場可以更不同，而且你不能改變或置之不理，只能去適應、去融合。因爲人不太可能與制度對抗，勝算極少。我曾在一個以人文社會爲主的大學擔任自然科學組的總召集人，文學院院長有次向我抱怨：「你做事不要那麼固執！」其實我不是生性固執，只是工程師作太久了，工程師的文化就是負責任、解決問題，但沒變化，就一個答案。

興趣

唸建中高二時，遇到聯合國派來臺灣主持工作的美國人麥加錫先生，他問我大學要唸什麼，我毫不考慮的說要唸工學院。爲什麼要去唸？我告訴他，我們國家需要工程師，沒興趣也要去唸。他大不以爲然，耐心的教育我應唸自己有興趣的科系。我頂嘴說自己是優秀高中生，以後就應該爲國家出力。麥加錫先生一直搖頭，頻頻說no! no!我那時根本沒把他的話擺在心上。

英人培根（Francis Bacon, 1561- 1626）的《培根論文集》（Essays）中有一篇「論讀書」（Of Studies）。他說：「Study serves for delight, for ornament, and for ability.」（「讀書令人得到樂趣、

裝點門目，及獲得能力」）。讀書有興趣則事半功倍，沒興趣爲了成績不得不唸，是煎熬。有些人過了中年還作惡夢夢到考試題目不會作，或進場遲到，別的同學已答題大半……。我曾任教一私立大學的文學系，他們的創作能力及讀書報告不輸國立名校學生，但考試成績還是略遜。因爲這些私校生對文學有興趣，也有創作能力，但是可能數學不好，或比較不擅長考試，只好進入較差的私校。我們看看我國這些名作家、文學名評論家如黃春明、蔡素芬、七等生、張瑞芬、鍾理和……都不是一級名校出身，或根本未進大學。

如果對讀的科系有興趣，有才分唸，出路又好，三者俱備，那眞是幸運！實際上，這種幸運兒不少，我認識不少工程師，別提人文藝術，甚至對電影都沒多大興趣，黃色笑話也不會講，但是過得很快樂，口袋裡也麥克麥克。如果以上三缺一，或三缺二，那就看缺哪個了，也看人的個性和指望，是否把銀子看得那麼重要。醫生收入最高，我曾是建中不錯的學生，卻不考慮醫學系，因爲對生物、對藥學太沒興趣——單細胞雙細胞、拉丁字頭字尾的藥名……我看算了。但一直認爲醫生收入高完全合理，因爲他們工作辛苦，外科手術更是辛苦，細菌聚集在醫院比他處多很多。醫生的工作是醫人，不像汽車技師的工作是醫車。我們的健康及壽命靠醫生們維護。

對某一科系有極大興趣的，或有極大天分的，應不顧未來市場，因爲可能以後有大成就。如果只是有天分或興趣，那就應將就業市場列入考慮。尤其是男生，我們都清楚男子收入是女性婚姻考慮的前三要素之一。興趣可以培養，但只能達到某一限度。唸有興趣的科系，以後作有興趣的工作，身心都愉快！

進入非所願科系該如何？

由才分、出路，及興趣三方面作考慮。

一、**進入出路好，或有相當興趣的科系，但才分不夠，唸不下去**

如果是準備不足，比如高中不夠強或沒好好唸，那現在就少修課，增加就讀年限，看看是否可補上不足之處延畢。如果這樣還是過不了關，那只好轉系或轉學至次一等大學，競爭較低，以後畢了業再說。這不是「混」，而是你有興趣唸，或對該系出路有興趣，只是唸不來，只好退而求其次的補救之道。

要理解一點，有些人專業不好（也就是唸的不好），但有其他特長，比如人際關係，比如領導才能，比如高EQ，比如在該行業有許多家庭或朋友關係……實際上，以後在職場上爬升，專業只占百分之二十，言語溝通卻占到百分之六十。另外，文字溝通占百分之二十。尤其非專業科系更是如此。

二、進入出路不好科系，但有才分及興趣唸下來

出路不好是否永遠不好？有多不好？我們不要舉石油危機時，東語系阿拉伯文組的特例，但風水十年轉，你如有足夠才分及興趣唸，以後工作會愉快，且行行出狀元。如果認爲出路太窄不保險，只好雙主修另一出路較好科系。只是這要增加修業年限了。

三、進入無興趣，但有才分唸、出路好的科系

就像我對工學院沒興趣，爲了出路、虛榮心，及建中傳統去唸，這是個人選擇，不應有任何抱怨。起碼，在美國一路唸到博士，又作了許多年工程，收入好，也結交了許多擅長投資的工程師，互通投資訊息及切磋。我在經濟穩定及獲利後轉入文學的領域。固然，能在不同領域修讀那眞是「好命」，大多數人無此能力。但這也可能是一種不幸，因爲你可能舉棋不定，患得患失，甚至顧此失彼。換言之，你要衡量得失，到底興趣及出路哪個優先，實在沒辦法，就用擲骰子作決定。當然，你也可以雙主修：比如電機與音樂，或醫學與中文。如此可進可退。你如不能作決定，科系換來換去，多了一、兩年畢業，只要找到合適的科系，也是值得的。誰說一定要四年畢業？

有相當大比例的人並非在專業中工作一輩子，尤其現在有EMBA（經營管理碩士）的出現，更增加了由專業轉入管理或行政，甚至轉行的機會。所謂EMBA，重點其實在networking，也就是結識其

他有地位的同學，以後互相照顧，互通訊息。

結論

在作結論前，不妨觀察一下，你父母的朋友或社會上有名、有錢、有成就的人，有多少是名校、名系出身？都唸了學位嗎？

科系的選擇顧及到許多層面，也常不是你的選擇，而是那個系要不要你。有許多時候，人被命運擺布，人算不如天算，你只能盡力而爲，去嘗試。不成，也不是這輩子就完了——山窮水盡疑無路，柳暗花明又一村。

第三章 碩士、博士、留學、進京趕考——何處行？

"Strive to enter through the narrow gate."

——路加福音：十三章二十四節

大學畢業如果繼續唸研究所，那是為什麼？不唸而去就業，又是為什麼？如果出國留學的比例不若以往，甚至今天有些人不去歐美或日本留學，而臺北到北京只二小時半機程，所以「進京趕考」的愈來愈多，那又代表了哪種心態？大陸學位能取代歐美、日本等先進國家學位嗎？

考研究所的原因

一般說來，如果只是為了個頭銜，那就非得唸個博士，才能被稱為王博士、李博士，沒聽說過王碩士、李碩士這種稱呼。唸研究所對一個人的功名利祿都有利，從未聽說唸了反而不利這種話。讓我們先來看看唸研究所的目的（或原因），列舉如下：

1. 現實的考量應是最大的目的。美國人口調查統計，職場上碩士的最後平均收入比學士要多到接近百分之二十。博士比學士多百分之四十三。但專業（理、工、醫、法律、會計師）收入更比學士高到百分之六十。不過專業的學士學位收入比人文社會領域的碩、博士還要高，這是題外話了。一般而言，經濟不景氣時，學位高，失業率較低。換言之，白領比藍領失業率低，碩、博士比學士低——所以，教育是人一生中最好的投資。
2. 有些工作基本要求是碩士學位，比如網路或數據通訊有關工作、財務分析工作、心理治療師等等。也有些工作並不要求碩士學位，比如EQ比IQ更重要的銷售工作及人事處工作；體育、文學、藝術等與才分有關的工作。哪些需要碩士？哪些不需要？隨年代會有變化，同學最好上網、向校方就業輔導單位、或向人力銀行打聽。
3. 有成就感：穿碩士袍或博士袍走上舞臺由校長手中接受文憑，臺下父母、女友向你開懷招手，那種一生的成就感超越當時唸此學位的困惑與疑慮。
4. 有些人在學習中發現樂趣，一生都在學習，他們認爲心智成長是人生最重要的一部分。這些人到了中年還想入研究所，爲什麼？因爲研究所有設計好的學程，有專門教師指導，比自己摸索要省時省力。
5. 職場上升遷容易：公司裡的經理及主管常是具有毅力、有決斷力、適應環境挑戰的人，這些也是有心再唸研究所學位者的特質。

6. 除了以上正面的原因外，有些年輕人不知現在要幹什麼好，所以先唸唸研究所，將他的青春期延長；有些人就是喜歡學校的環境——當然先要不會受到考試的威脅；有些是爲了家人或女友的期待；有些是公司單位鼓勵去唸；或者對職場厭倦（看臉書的時間增長），想換個環境，那麼研究所可以是下一步棋。這些被動式的唸研究所沒有什麼不好，因爲可能唸出興趣，如果唸到學位，那對升級加薪更是有利。此外，研究所的學位可能與軍隊服役有關。

許多人說最好工作幾年，知道自己要什麼，再考研究所（大部分MBA要三年相關工作經驗）。但這個工作期限不能太長，因爲課程丟掉幾年，可能考不上。本篇文章不談如何考研究所、如何取得相關資訊如考古題或教授喜好等，那是補習班的事。

唸研究所年齡不應太大，年輕時沒有撫養小孩、養房貸的顧慮，學習力、接受力、可塑性、伸縮性都強。實際上，職場上多數人都認爲有個工作不錯，安逸，以前想唸碩、博士的念頭也就在拖延等待中消失了。許多人以爲要辭職才能去唸研究所，其實你可說服公司機構唸研究所對工作有好處，他們可能准許你半工半讀，留職停薪，甚至補助你學費，給你額外事假修課。尤其現在碩士有取代學士的趨勢，工作單位應該希望你多唸個碩士。有些人修「在職碩士班」，工作繼續，晚間及週末修課。這方式相當好，我預期在職碩士班以後會多採用遠程網路授課。但MBA或EMBA不應如此。爲什麼？因爲這兩項主要是結識業界朋友（Networking），不去學校上課就交不到這些朋友了。

對於大學生來說，如果決心唸研究所，我建議你學士後立即唸。因爲今天碩士是學士的延長

（不像以往碩士班極少，是另一個等級），所以愈早唸愈好，免得日久生變，也比較容易考進去。當然，每個人狀況不同，有些同學感覺小一到大學畢業已經唸書唸了十六年，夠膩味了，想換換口味作作事。有些人發誓不再唸書了，但入了職場數年後又想回學校唸研究所，甚至只是旁聽課（考試考怕了），也感覺不錯。所以何時去唸，你自己要打聽、與師長業界討論、考慮自身狀況後作決定。

博士班是爲有意進入大學教職及作研究工作而設。然而如今教授職位極難獲得，一個空缺常有數百位中外博士競爭。於是人文領域許多博士常在圖書館或博物館工作，甚至在高中任教，我知數年前建中就有八位博士教書。所謂博士英文是Ph.D.（Doctor of Philosophy），直譯爲「哲學博士」，是指對該學術領域有相當的認識，能獨力進行研究，有邏輯學術分析能力的最高學位，並不是單指哲學系出身。一般碩士要修二年左右，博士要在碩士後再修四年。如果半工半讀，修習期間還要延長。

研究所的意義

現在我們談到研究所與大學本科的區別。基本上，大學四年傳授的是已有的知識，研究所除傳授已有知識外，還有碩博士論文探討未知世界（大學如有大四畢業論文，多是彙編報告性質，要求不高）。然而美國的工學院也有以多修若干學分取代碩士論文的方案（Plan B），如果知道自己一定會去唸博士，大可選Plan B，以後作一個博士論文就夠了。Plan B的好處是只要多修一學期的課就畢業去找事，作碩士論文通常一學期是出不來的。但是據我所知，工學院以外多無Plan B方案。我想那時美國急需工程師，所以才有Plan B之設。這裡要說明，研究所的每個學分要比大學本科的難很多，要求也多很多。

研究所的論文研究應是探索未知的世界，或未知的方法。但有些論文竟是負面的，結論是證明這假設立論不正確，這條路行不通，或這方法不正確（包括不經濟或不值得）。這種論文只要寫得好，就有價值。此外，研究生必須要瞭解：指導教授只是給了你一個論文題目或方向（加上研究助教經費），他並沒有答案，否則就不必做了。實際上，這研究你比他懂得還多，因爲他日理萬機，指導許多研究生，再加教書及行政工作，你是全心全力應付這一篇論文的研究。所以你不能老去問他，你要獨立作戰，否則指導教授會認爲你不行——這也是研究生與本科生的不同：一個獨立作戰，一個接受指導。有些人論文拖了好幾年，就是因爲獨立性不夠。

有些論文研究可能過分高調，不切實際。那是因爲研究生年輕無經驗，好高騖遠，甚至狂妄，而大牌教授太忙，沒有注意。前中央研究院李遠哲院長曾說過，教授應指導學生從根本瞭解，不是天馬行空，很多成就是一輩子的努力，一步步走上去的。我對李院長的話相當有感觸，因在密西根州作博士論文時異想天開，想把一個一般的工程現象及物質導入五度空間（三度空間加一度時間及一度溫度）的複雜數學領域，是個黏彈性力學的問題。掙扎了一年多無所獲。這時三位指導教授問我爲何如此由簡入繁？意義及意圖何在？我那時充滿了幻想，認爲中國人是詩與浪漫的民族，欲將工程、哲學、數學與文學揉合在一起……最後還是乖乖的用一般實驗、有限元素電腦分析、及工地觀測數據影像，將論文完成交差了事。

因爲大學教職及學術研究工作究竟是名額有限，如果太喜愛大學的環境及氣氛，那麼可能會厭惡職場，但是如果完成博士學位後又擠不進大學之門任教，該怎麼辦？你要面對你的人生作調適，唸研究所時（尤其是博士生）就必須要瞭解以後的工作，不一定與研究所裡所學有關。還有職場一般並不重視博士學位，因爲沒有必要。有些行業更重視執照，如果得學位後未經高考考取執照，連「資深位階」（senior position）都不准升。我的名片在姓名後就有Ph.D, P.E.,G.E.，表示除博士學位外，還有「土木工程技師執照」及「大地工程技師執照」。否則對方可能認爲我不夠資格談工程計畫。說這些，就是要給準備唸研究所的同學心理有準備——在職場上，高考技師執照比碩博士學位更能作「敲門磚」，中外皆然。

最好學士、碩士、博士唸不同大學，最好城市及南北也不一樣，如此暴露性強，視野開闊，老窩在一個地方容易生銹。要唸研究所當然最好是進研究型大學——教育部核定的有七所：「臺成清交」加陽明、中央、中山。但是職場上只有第一年重視出身學校，以後要靠工作表現。私人企業尤其如此，爲了賺錢，爲了和同業競爭，誰管你臺成清交！

你要留學嗎？

除小留學生外，現在留學的比例比以前少。主要的原因並不是大陸生搶掉大多數的獎學金（Scholarship, Fellowship）、助教金（Teaching Assistantship, TA）、或研究助理（Reaseach Assistantship, RA）大餅——而是我們的青年耽於逸樂，喜歡看明星、歌星、綜藝節目、政論節目、還有迷信的宗教、再加上被洋人稱之爲華人「國民通病」（national disease）的賭博。這些鴉片磨損了許多志氣和競爭心。基本上，留學放洋是件苦差事，因爲要在不同文化習俗、不同語言、高物價生活程度的情況下取經——出國留學是很多人的夢想，也可能是很多人的惡夢。留學的好處當然相當多：吸取先進國家的知識，經歷不同文化習俗，開闊視野，學成歸國在收入及職位上均占優勢，更因外國語及外國關係而能進入優質跨國企業，名義上放過洋令人刮目相看……等等。所以才要過那幾年水深火熱的生活。

只要在先進國家住上一陣子，就算不入學唸書，都有好處。起碼你感染到這種先進優質國民是如何應對及思維的，處理事情的方式如何，甚至他們的舉止、氣質、風度、藝術品味都值得學習。周恩來與鄧小平年輕時到法國「勤工儉學」，根本未入學，接觸到的法國人也是下層，頂多中層。但是以後他們治國的風格方式與沒放過洋的毛澤東大大不同。到底，他們兩位年輕時在先進的法國住上幾年，潛移默化，影響他們的一生。諾貝爾文學獎最年輕的得主英人吉卜林（Rudyard Kipling, 1865-

1936）曾說：「僅知英國的人，如何能眞正知道英國呢？一定要離開英國，由外面看英國，要與外國比較，才瞭解英國。」

我國最早的留學生可能是《西遊記》裡的唐三藏（唐僧），實有其人是唐朝的僧人玄奘（602-664 A.D.），前往印度取經，我好奇玄奘是如何學習印度文的。基本上，留學要有該國語文的能力，愈早去愈好，因爲年輕學得最快，對於該國的文化習俗也融入得快。一般說來，九歲是個切入點，十五歲是另一個切入點。九歲或之前留學或遷去另一個地方，會全盤融入遷入國（或地方）的語言及文化，來往朋友也是新地方的人，婚姻對象將是當地人（比如美國人或ABC）。換言之，與母國的臍帶切斷，只是還保留一條中國尾巴。九歲至十五歲之前留學，保留母國文化及語言，但不會全留，來往朋友兩邊都有。十五歲至十八歲留學，最後即使比我們這些二十多歲才來美國的英文要好很多，融入要強很多，但心態上還是和二、三十歲才來的沒區別：要結交母國來的作婚姻對象，要聊臺北或臺中那些往事，要爲釣魚臺列嶼不惜發動戰爭……。我寫下這些是提醒作父母的閱讀此書，得考慮是否該將孩子幼小時就送出國，因爲最後可能失掉這個孩子，你要退休後去美國依親作等吃、等睡、等死的三等人嗎？

是否該留學得根據學習能力、愛好、經濟能力、外國語言能力這四項做判斷，個人因素如異性朋友在美國，或父母企望等不在本文討論之內。以下是三個不同狀況（階段）列下供你作考慮：

1. 如果在臺灣只是高中、專科或較差的大學畢業，就業上沒有優勢，這時只要家庭經濟許可，最好考慮留學——也就是去鍍一層金。大專生與高中生出國留學，起點是一樣的，不如早點出國。有時申請到國外的大學比國內的還要好，因爲許多國外大學會保留名額給留學生。

2. 能考上國內名校名系，最好不要輕易放棄，如此增加你的國內經驗，這對你以後在國內就業有不少幫助。唸完再去國外唸研究所。

在1.與2.之間的同學我沒意見，你要視本身狀況而定。

3. 在國內唸完碩士，再去國外唸博士，不如留學把碩士、博士一齊在國外唸完。尤其在國外唸碩士時，再找唸博士的RA或TA要容易太多了。最好學士、碩士、博士唸不同的大學，履歷表上看起來也比較好看。我的助教剛考上臺大語言所的博士班，我建議她到歐美進修一、兩年，或去那兒做博士後研究，增加履歷，如此容易找到好的大學教職。

留學美國？

除特殊原因外，留學一定是去先進國家。我國在一〇二年有約六萬名留學生，比例是美加百分之四十三以上，歐洲百分之三十一，日本百分之十一，紐澳百分之十四等四個區域。世界上留學生有超過三分之一以上至二分之一選擇美國，目前美國有約七十七萬名來自世界各國的留學生，中國大陸接近二十萬居最高。這七十七萬留學生每年花在學雜生活費貢獻給美國約二百二十億美金。野雞大學也是以美國最多，每個在野雞大學留學生的花費可以養活一個美國人。爲什麼去美國留學？除了美國學術水準高外，畢業後能留下來拿美金也是一個重大原因。再有，美國自一七七六年獨立以來沒有過本土戰爭（除了短期的南北戰爭），兩次世界大戰更讓美國賣軍火賺了大錢。美國是個移民國家，人種的大熔爐，連黑人都能當選總統。如果學成留下來就業，不管是政府或私人企業都沒有問題，甚至可以升到高位，比如唸過臺北再興小學的趙曉蘭升到勞工部部長。在歐洲或日本就辦不到了，只能開餐館，開餐館最好還會講溫州話，因爲在歐洲開中餐館的都是溫州老鄉。

大學排名有好幾種，最富盛名的是英國「泰晤士高等教育世界大學排名」。二〇一四至二〇一五年，泰晤士的排名前二十名有十五名是美國的大學，美國的學術水準遠遠超過歐洲各國。排在前五十名亞洲有東京大學、新加坡大學、香港大學、首爾大學、北京大學、（北京）清華大學等六校。我國最高是臺大第一百五十五名，與美國猶他大學同高；新竹的交大、清華，以及南部的成大、中山都在二百五十至三百五十名之間。排名連續三年第一的是加州理工學院（California Institute of Technology，簡稱Cal Tech），接著是哈佛、牛津、史丹佛、劍橋、MIT等名校。Cal Tech位在洛杉磯北方，我去參觀過，校園並不起眼，有一百二十三年歷史，至今僅有九百多名大學生，一千二百多名研究生，師生比是一比三（臺大是一比十六）。如此小的一個學校，竟有三十二位諾貝爾獎得主。而隸屬該校的「噴氣推進實驗室」（Jet Propulsion Laboratory, JPL）對美國的火箭、太空計畫、彈道飛彈都有相當貢獻。中國大陸的「導彈之父」及「太空之父」錢學森（一九一〇—二〇〇九）就是在Cal Tech取得博士，及後任職JPL。我提到他，也因爲他和先嚴是北京師大附中的同學。

其實美國在一八九四年才在工業總生產上領先全世界，但那時學術上領先的還是英國及德國。進入二十世紀，兩次世界大戰把美國打闊了，打強了。更有許多世界頂尖人才，爲了高收入、爲了躲避戰亂、爲了更好的研究環境移居美國。如此，雪球愈滾愈大，來此唸書、教書、作研究的各國菁英聚集在大學及研究院，互相交流，切磋，競爭，合作。而美國的大學也發展出國際性的經驗，熟練的協助留學生落地生根，甚至在他們將畢業時輔導就業——美國公司及機構是歡迎外國人來就職的。這不是基於關懷弱者賞口飯吃，而是美國大多數企業都向海外發展，有了各國留美菁英加盟，當然對公司有好處。美國人的本土民粹觀念比起世界上任何國家都要小很多，公司機構裡見到各種口音及膚色長相的同事是家常便飯，有些工程單位更是一個小小聯合國，因爲工學院的學生，外籍生比美國本地生要多很多，比如全美電機系研究生有百分之七十一是外籍留學生。請問臺大或成大電機系有幾名外籍生？

如果你在校成績平平，家裡供不起你去美國留學，要借錢，去就得打工還錢……如果要去，就去，多想一事無成，就是一股衝勁，談戀愛、結婚、創業都是如此，留學也是如此。

留學日本、歐洲、紐澳

對整個國家來說，留學美國以外的國家擴大了我們的接觸面，尤其是日本與我國亦敵亦友，近百年有著千絲萬縷的關係；歐洲則是西方文化的源起之地；紐澳是近年才開始流行去留學的英語國家。基本上，在這些國家學成後想要留下來就業遠比不上美國，甚至很困難，加上學術水準落後美國，所以我國只有一半留學生去這些國家。有一種說法是留美的親美，留日的親日，留歐的親歐洲——我的觀察也是如此。

打工是日本留學的一大特色，日本政府也准許留學生每週工作二十八小時，但是要完全靠打工來維持全年學雜費及生活費，那就不太容易了！歐洲及紐、澳也是如此。還有一個留學國語言的問題。日本與我國文化及語言均接近，所以日文最容易學；英文是我國中小學規定課程，再加上無所不在的美國電影及文化，所以英語國家算是熟悉；其他德、法、西班牙等歐洲語就要困難許多；俄、義、荷、北歐等更是偏門。如果要爭取歐洲或日本的公費或留學補助，沒有通過語言是不可能獲得的。基本上，紐、澳這二英語國家雖是英國移民建立的，但更相似於美國。

這裡我要提到一點，歐洲在文化上要比美國、加拿大及中南美國家多元得多，歐洲國家也比較重視文化。所以學習科技之外的八大藝術（詩歌、音樂、繪畫、建築、雕刻、舞蹈、電影、文學）或社會科學，應考慮留學歐洲——到底，美國留學生實在太多了，爲了某種原因，有些職位希望優先僱用其他各國歸來的留學生。

去大陸唸書

因爲兩岸「教育大三通」蓄勢待發，學位互相承認，大陸大學收臺灣學生有優待名額，兩邊同文同種唸書比其他外國要容易得多，可預見我們的學生去大陸唸書的會愈來愈多。目前大陸許多大學承認臺灣學測成績，不必再考，這是好意，但是逐年下去，優待辦法及名額也會愈來愈少。有一種說法是臺灣的學位以後會不會輸大陸學位？或不被承認？這不只是大陸好的大學排名遠在臺灣好大學之前（比如北大、清華都在全球五十名左右，臺大一百五十五名），而是大陸經濟及軍事武力的強大，當然學位也比較值錢。我認爲不會如此。因爲僞滿州國的學位並沒有不被承認，像前行政院長孫運璿先生就是僞滿哈爾濱工業大學電機系畢業的，我們還是承認。

臺灣的人對大陸不夠瞭解，對美國及日本的瞭解比大陸還要多。但大陸是十三億六千多萬人的市場啊！即使如此，據調查有相當大比例的家長還是考慮送孩子去大陸唸大學及研究所。大陸有高報酬、高風險的迷人市場，充滿了機會及挑戰。先去唸個書，取經，以後在大陸就業或進入跨兩岸公司就會容易很多。

大陸的大學生近年大批留學外國，許多回國成爲「海歸」，二〇一二這一年就有近二十八萬名留學生歸國，近五年有八十萬名海歸。中國的「兩彈一星」（原子彈、氫彈、人造衛星）及洲際彈道飛彈都是早年海歸發展出來的。北京清華的一位管理學院院長指出：除科技外，大陸也需要留學生吸取各國治理模式的經驗及教訓，以建立更好的中國治理模式，這需要海歸在觀念、理論及思想等方面作出努力。同樣的，臺灣近二十年的經濟發展主力不再是鞋、衣、食品、枱燈等民生用品，而是新竹及臺南科學園區的高科技產品，這些重要的產品也是留美生歸國規劃或領導完成的。

我是以「五年五百億」菁英條款被臺南成功大學聘任教授外國文學及電影。大陸也有相似的「九八五工程」——一九九八年五月由江澤民提出，目的是建立世界一流大學，目前有三十九所，其中北京八所，上海四所，各位可上網查看作申請參考。江澤民當時是國家主席、中國共產黨總書記、中央軍委會主席，集黨政軍於一身，他是國民黨時期的上海交通大學電機系畢業。另外還有一個「二一一工程」，也是一九九〇年代開始實施，目的是爲進入二十一世紀，重點建設一百所大學及一批重點學科的建設工程。很明顯，臺海兩岸的菁英大學條款都是以理工醫爲主。

美國大學的研究經費來自政府、企業、軍方、及私人捐款。臺灣多來自政府，企業界不多，產學合作現階段以科技大學及技術學院爲主。大陸如何我不清楚，相信應是多來自政府。臺灣的學生如去大陸唸碩、博士，是否可獲得研究補助？是否可擔任助教？這些，不只是唸書時收入的問題，還有工作經驗及履歷表上的列項。

總之，去大陸唸書現階段還沒開始流行。要去，臺灣學生還可以享受些優待，以後如何就很難預測了——黨的政策像月亮，初一十五不一樣。

就業與創業

許多人大學畢業立即就業，不考慮唸研究所或留學。他們有足夠的原因如此作，也一定衡量過得失。有些人說：「我不是讀書的料子，也根本不喜歡讀書，十六年罪受夠了，你們去唸吧，不奉陪了！」他們在職場上快樂得多，像飛出籠子的鳥，由客廳小魚缸入了大海的魚。這種人如果交際手腕高，EQ及SQ高，職場上大顯身手指日可待，也就不必再回籠痛苦的唸研究所了。職場上混久了，回個半瓶醋的大學再混個MBA或EMBA，說不定還會和立委、名嘴、小開、女主播同窗。

社會上有各種人，教育界有各種大學，電視報紙上有各種故事，沒什麼好大驚小怪的。

美國有少數人大學唸一半就退學，去寫小說，在車庫裡開公司，最後變成大文豪或企業大亨。比如兩位諾貝爾文學獎得主史坦貝克（John Steinbeck, 1902-1968）及福克納（William Faulkner, 1897-1962）；微軟創辦人比爾．蓋茲（William “Bill” Gates III, 1955-）及蘋果電腦的創辦人賈伯斯（Steve Jobs, 1955-2011）。這些人中途輟學出校門試一試，並不知道以後有這麼大的成就。位在矽谷的名校史丹佛大學電機系二〇一三年春季就有十多位同學出走創業。矽谷還有一位個人資產超過一百五十億臺幣的創投家泰爾（Peter Thiel, 1967-），泰爾主張二十歲前創業，他自二〇一一年起每年挑選二十名二十歲以下的大學生，每人給十萬美金用兩年來創業（Thiel Fellowship），條件是這兩年一定要休學，全力創業。這種條件：二十歲以下，休學兩年，顯然是受到以上所提成功人士的啓發。主要是電腦資訊革命令網際網路迅速供給資訊，同一時間看到同一機會的人大量增加，不快點下手就被別人搶去先機，所以泰爾鼓勵年輕人唸大學時就出來創業。這種鼓勵在保守的東方很難被接受。如果你要如此，創業資金在哪裡？你的父母及女友或男友會認可嗎？但是如有好點子，大學耽誤幾年又如何？不要忘記我們有四十四年的工作時間，不差那幾年，如果不去做，將來後悔一輩子。好好想想吧！

第四章　大學生的公民素養

「有三種質樸而強烈的情感支配我的一生，那就是：對知識的追求、對愛情的渴望，還有對苦難人民的同情。」

——羅素（Bertrand Russell），英國哲學家及數學家

公民教育（Civic Education）大致是在中、小學實施，到了大學就相當少，甚至沒有，只在通識教育中包括一些。大學生已過十八歲，在我國憲法上二十歲才算成年，要負民事責任；但十八歲就達到男子合法結婚年齡（女子十六），同時要開始負刑事責任，以及服兵役——到戰場上殺人或被殺。實際上，世界上大部分的國家都以十八歲爲成年。如果是成年人，似乎就不須再指導他如何做人了。

實際上是否應該如此？大學生不需要公民教育嗎？讓我們來分析討論一下。

基本上，公民教育分三大部分：公民教養、公民知識、公民道德。道德是個人與國家社會的關係，基本上是爲人（利他）；知識是保障自己的權益，是爲己（利己）；教養則兩者兼具，對自己及

他人都有利害關係。我們先來看看美國及日本的公民教育，因爲多年來他們是與我們關係最密切的二大強國，有相當高水準的公民素質，可以作我們的參考。

日本的公民教育

日本一八六八年明治維新後迅速步上軍國主義的路線，其實是近八百年武士道精神的延續。軍國主義相當注重小學教育，因爲小學生最容易被洗腦、被塑造，進入國中二至國中三的青春反叛期後，教化及塑造愈來愈困難。一八六八年明治天皇親率文武百官在紫宸正殿向天地、人民宣誓「五條御誓文」，鄭重表明要「破除舊有之陋習，毋使人心懈怠，求知識於世界」，以大振皇國之基業。明治以「朕躬身先眾而行，向天地神明宣誓，定斯國是。」明治維新不到三十八年，竟擊敗兩個世界大國——清國（一八九四年甲午戰爭）及俄國（一九〇五年日俄戰爭）。往深處看，這其實是日本國民素質及道德提升所締造的勝利。日本二戰時厲行軍國教育，比如年輕戰鬥機駕駛員組成自殺性的「神風特攻隊」，喊出「人生二十五」的悲壯口號。戰後軍國主義的公民教育被迫取消。然而日本的企業界及政府官員依然持續武士道的忠誠、奉獻、榮譽、正直、整潔、教養禮節等特質，所以聯合締造了經濟發展的奇蹟。

至今，日本的大學仍然有「教養學部」（如東京大學）或「綜合人間學部」（如京都大學），課目內容與我國的通識教育相似，以知識性爲主，並非軍國式的愛國公民教育。

西方（美國）的公民教育

西方文化有二大根源：基督教及古希臘精神。基督教是一神教，重視的是來世，要敬畏上帝，按聖經行事以達天堂，所以現世是手段而非目的。相反的，古希臘距今約二千一百六十年至三千年，是有六十餘位神明的多神教。注重今世，要人們擁有現世及享受現世，所以現世是手段也是目的。這兩種截然不同的人生觀及宇宙觀卻在一千多年後的十四、五世紀合而爲一，締造了歐洲的文藝復興。而中國則是漢武帝（157-87 B.C.）採納董仲舒建議罷黜諸子百家，獨尊儒家。請你想一想爲什麼中國（包括崇儒的日、韓）與西方有這麼大的差別？中日韓吸收西方文化能照單全收嗎？學得再多，是否還只是表面化的「漢魂洋體」或「和魂洋體」？

希臘文化注重的是人道及理性。因爲人道，所以肯定及追求人間現世生活；因爲理性，所以尊奉「教養」（arête）、「卓越」（excellency）以及「秩序」（order）。教養是一個人在人文及科學方面的素養，更是人在行爲、儀態、語言方面所表現的氣質風度。卓越是發揮個人的天賦，含有深厚的個人主義色彩；人有追求卓越的權利，但不能因此而行爲自私或逾界，所以公德心及秩序都要遵守。這些都是西方人傳統上所追求及奉守的，沿用至今，仍然是他們教養最重要的一部分，另一

日本明治維新時公布首部憲法

部分來自基督教。我在美國唸書及工作多年，觀察到他們的公民教育強調知識性部分，比如選舉、法律、各級社會結構、民權、國際觀（與帝國主義有關）……等等。但是也有很大一部分關係到種族、性別（包括同性戀）、年齡層次的歧視及平權問題。至於道德性部分，因爲美國是基督教國家，主要有宗教及聖經來維護他們的道德水準，並不一定要擺在公民教育裡。但即使如此，還是在一九六九年成立了公民教育中心（The Center for Civic Education），培養公民瞭解他們的法律權利、義務及公民道德意識。在這裡我要指出，西方的公民權利是以法律爲基礎。西方普遍的法律觀念實際上源於西元六世紀的東羅馬帝國的「查士丁尼法典」（Justinieani's Code）；東方的首部現代化憲法，要遲到明治維新之後的一八九〇年才出現的「大日本帝國憲法」；我國則一直是有「包青天」（包公）這種人物作判案表率。但包青天判案的根據是什麼？他的「俠義精神」與法律思維何關？我們在大學的通識教育中能扯上

包青天判案公正

這些嗎？實際上直到今天還是有「坦白從寬，抗拒從嚴」，官員公開道歉、鞠躬、甚至下跪的把戲。這和西方「就事論事」的希臘理性傳統相去甚遠。換言之，西方是法理情，我們是情理法。

我國的公民教育

一九一一年孫中山革命成功後，有相當長的軍閥混亂時期。民國八年的五四運動是近代史上一件大事，而中國近代史上（包括一九四九年之後的臺灣）公民教育和學生運動總是有關聯，所以青年的公民教育存在著政治及文化的爭議性。一九三四年先總統蔣中正發起「新生活運動」。此運動在思想層面上，集大成糅合了傳統儒教、軍事性的國家主義、德國法西斯主義、日本武士道、甚至基督教價值觀等元素。它的中心思想是「禮義廉恥」，目的就是要國民在生活上振作，革除陋習，進而愛國。蔣中正是嚴格的日本士官學校出身（日本無三軍官校），又受納粹德國影響，此運動的內容可想而知，對「東亞病夫」應大有助益。實際上，早期對日抗戰如一九三七年「八一三松滬戰役」國軍是使用德製武器及德軍爲顧問，以後德日結爲軸心國，德國軍事顧問才被美國人取代。

「新生活運動」歷經抗戰，直到一九四九年撤退臺灣，才不得不「暫停辦理」。之後，公民教育則以反共八股爲圭臬，引起青年人相當大的反感，也抹殺不少創造性，直至一九八七年解嚴。當時長達三十八年的戒嚴是由臺灣省警備總司令部執行，令人恐懼，談虎色變。甚至警總撤消後，人們還是疑神疑鬼，「心中還是有一個小警總」。

一九六三年臺大美籍留學生狄仁華（Don Baron）在《中央日報》副刊發表「人情味與公德心」一文，指責臺大學生自私、冷漠、善嫉妒、無公德心，甚至考試公開作弊不以爲恥。此文引發各大學發起「自覺運動」，聲言「我們絕不是自私頹廢的一代」，頗有延續「新生活運動」的振作意味。但自覺運動主要人物旋即出國留學，運動無疾而終。狄仁華牧師於二〇一三年九月在夏威夷病逝。

如今，教育部顧問室推動現代公民五大素養列爲倫理、民主、科學、美學、媒體。這五項涵蓋了道德性及知識性。如果問我還能加上什麼？我會加上理財及教養兩項。理財就是此生的個人及家庭經濟狀況，年輕時就要培養理財的觀念，增長經濟知識，本書有專文（見第十章）介紹財務一項。金錢對一個人相當重要，不是銅臭。教養如前所說，是一個人的儀表、氣質、舉止、風度，也就是西方人相當重視的外在條件。

大學生需要公民教育

我們的民族有優點也有缺點。與西方人及日本人相比，缺點算是多很多。我們都知道這些缺點，但是因爲是科舉制度的後代，從小家庭及學校教育著重的是學位（不管有用沒用），及能否考進出路好的科系，並不重視這些所謂的「公民素養」。我先列出我們民族的缺點，這些在夏烈著《建中生這樣想——給高中生的二十堂人生要課》（聯合文學：二〇一三版）一書中有詳盡的說明：

(1)狡猾，(2)骯髒及賭博，(3)缺乏群體感，(4)內鬥及散沙，(5)傾向索取（to take）而非給予（to give），(6)缺乏優雅的舉止，(7)缺乏制度化的觀念，(8)缺乏創發精神，(9)缺乏美感及藝術感，(10)缺乏爲對方著想的考慮。

現在我們該談到大學生是否還是需要公民教育？需要哪些？如何取得？或如何執行？

我個人認爲公民教育就是提升公民素養，也就一個人的Class，所以是終身教育，大學生當然也需要。因爲大學的目的不可能只是職業介紹所，還有培養氣質及社會參與這兩大項目。大學畢業生的氣質及道德水準應比一般人高，犯罪率要低很多。

公民教養

教養就是財富。教養及舉止好給人好印象，勝算機會大很多。

我國重視學問及能力，甚少涉及儀容及秩序，四書裡也很少提到這些。這裡我要特別強調儀容舉止，屬教養的一部分。記得在美國任職某工程研究單位時，同單位還有一位臺灣名校第一名畢業的吳君，在美國也是讀名校取得博士。我有時向吳君請教複雜的工程數學問題，感覺他思路相當清楚，而且不會吝於助人，老美也認可他這一點。但是吳君舉止、打扮、談吐通通不及格，不上道，老美認爲他「Wu has no class」，所以永遠升不到一個小主管的位子，作人眞是作得冤啊！再舉一個例：在美國洛杉磯或紐約大街上各國觀光遊客迎面而來，其中氣質英挺（不一定英俊）、腰桿子直、神色自若的男人各國都有，卻極少看到臺灣或大陸來的男人如此挺拔。再說一點，如果各位注意西方的舞蹈，不管是佛萊明哥舞、希臘舞、斯拉夫舞、北歐舞、哥薩克舞……每種舞蹈者都是腳步快速移動，但上身永遠挺得很直，這和他們平時的姿態相同。一個人有儀態及氣質，氣勢上就不同，在談判、求職、說服、或意圖壓制對方時，贏得第一印象，先聲奪人。有一種有關第一印象（First Impression）說法：儀容舉止占百分之五十五，言談聲調措詞占百分之三十八，說話內容只占百分之七。換而言之，百分之九十三的純外在因素影響別人對你的感覺。

十九世紀美國通過「排華法案」（Chinese Exclusion Act），當時輿論認爲華人生性狡猾，習慣骯髒。我個人觀察在「狡猾」這方面，臺灣的人民並不狡猾，起碼這幾十年有長足的進步，但是政客相當狡猾。髒亂的習慣至今則未完全消除，臺北市百萬一坪宅第，窗子看出去就是陳舊失修的老建築。而多數人們家中布置陳設也無美感、藝術感，甚至房屋設計採光遠比不上國外，也比不上國民所得低很多的上海。

以上是舉一些例，說明我們需要改進的地方，如氣質、清潔、藝術美感、正直誠實……這些道德性及教養性教育並非一蹴可幾。如何培養？大學的教程不太可能包括這些，西方國家也不在大學教這些，而是從小在家庭及教會裡培養，還有就是自己摸索，自我教育，自我警惕。其實西方的電影是一個臨摹教養的大場所，我們在電影中學到許多西方人的儀態、舉止、談吐、藝術布置、穿著……甚至公德心。這方面我要說一句，中國即將在近年與美國共同成爲世界最大經濟體、第二大軍事體、第二個登陸月球的國家，以及擁有毀滅全球的核子武器……但是中國的國民素質還是差得很遠，中國人在世界各地的地位也不高。

公民知識——大學的通識教育

公民素養中知識性的部分在大學是歸入通識教育。通識教育（General Education）也可稱之爲博雅教育（學識廣博，生活高雅，Liberal Arts Education），是一種通才素質的教育，目的是教育學生爲高素質、有教養的成人，甚至是培育未來各方面的領袖人才。美國極爲重視通識教育，多數大學最初兩年接受基礎通識教育，到大三才declare major分科系。我國最先有通識教育大概是一九五〇年代的東海大學，東海因是美國教會設立的私立大學，所以移植某些美國教育體系。之後臺大也跟進，到了一九八四年教育部正式公布實施通識教育。中國大陸的大學在建國初期的一九五〇年代學習蘇聯體制，以專職爲主，當然不可能有所謂「教養性的」通識教育，甚至可能認爲與黨的路線有相違之處，但現在也開始由西方導入及重視通識了。

通識教育雖然重要，且不論在西方或中國都有歷史傳統，西方是始自古典希臘，中國可追溯到先秦的「六藝」及漢朝以後的「儒家教育」，但在臺灣多被視爲「營養學分」，甚至有些教授公開發言通識學分好混，也不須嚴格，兼任教員一大把，就是教這種課。爲何美國如此重視通識教育，而我們則否，且我們還是以美國教育爲首是瞻呢？追根究底，我國教育重視的還是未來職業的專門訓練，並不太重視國民素質的培養。但在美國，舉例來說，他們的本土公司或跨國公司經理或領導多是老美，底下一大堆高級技術職員則是世界各國來的菁英。我們清楚的瞭解，訓練帶頭的人，必須重視全方位的通識教育，不是只有專業訓練。因爲不論領導或經理人才，他們在本行專業知識只須具備百分之二十即可，其他百分之八十是溝通，其中言語溝通占百分之八十，文字書寫溝通只占百分之二十，所以八八六十四，有三分之二是靠口頭溝通或交際。這些溝通牽涉很廣，天南地北的聊天要比正事還多很多。這時，通識教育學來的知識及教養就派上用場了！

我在臺灣及美國的教育界、工程單位、美國聯邦政府都工作過，也曾參與高科技的風險性投資，年輕時在舊金山的英國式小旅館及義大利海鮮館打過工，臺灣服預官役時在野戰部隊步兵連帶過兵，可謂經驗齊全，閱人無數，只差沒坐過牢，沒殺過人……這些年的經驗令我深深感到：要想成功、出頭、過有意義的生活，年輕時一定要多元化，多地域化，多接觸面，多好奇心。這「四多」不見得造益每一個人，但絕對適用於大多數人。通識教育當然與這四多相輔相關。

如今我國大學的通識教育推展多年，但定位不明，尚有待深入研究，可能與學制有關。爲何不能像美國一樣，將通識教育列爲大一、大二共同學習，大三才分系？這是個大問題，也可是個大方向。

公民道德

這四個字有說教的味道，包括爲人、倫理、公民責任、社會意識及國家民族觀念，也就是老生常談的禮義廉恥四維（還有八德），在這裡我們不說了——實際上，四維八德比什麼都重要。但我還是要說一點：我注意到，嚴重的注意到：美國人、日本人都很愛國，大陸人也愈來愈愛國。爲什麼？是國家強了才愛國？還是愛國才國家變強？我們臺灣人愛不愛國？如果不愛國，或不夠愛國，爲什麼？

在這裡我還提出幾點需要強調的作人準則，因爲這些有時候我們會忽略，甚至視若無睹：

1. 作人正直：這是西方社會及日本作人的基本準則，反義詞是狡猾，也是君子和小人的對照。「正直」英文字是integrity；狡猾不是聰明，更不是智慧，臺灣許多政商人物狡猾，但老百姓多誠實，大概是一九八七年解嚴後發展出來的美德。
2. 有情有義：有情有義也包括報恩。講義氣永遠被人尊重，哪怕是販夫走卒。反而學問高、金子多、官位高的常是怕事而不講義氣的人。
3. 不出賣朋友：年輕人比較重情義及重友情。入了社會不一樣。一般說來，極權國家的人民比較不講情義及會出賣朋友，因爲要保護自己。
4. 不乘人之危及趁火打劫：人格低下、令人不齒的行爲。
5. 有便宜就撿，有縫就鑽，令人討厭。
6. 與西方及日本相比，國人重視對家族的貢獻及倫理，但缺乏社會公德心及國家責任感。爲何如此？

以上這六點在上述聯合文學爲我出的那本寫給建中生的書裡，有較詳盡解釋。

結語

公民素養這題目太大，只能重點述說。我要強調：公民教育中的道德性及教養性二大部分，在大學階段主要是靠自我教育及同學之間的切磋——重要的還是你有沒有那份心，去學習西方人及日本人的愛國心及個人教養；通識教育多是以知識性爲主，你如果不重視通識，視爲營養學分，未能拓寬眼界，以後在社會上混，吃虧的是你自己。我自年輕時就注重平衡發展，幾十年下來，名利雙收，與此不無關聯。

第五章 師道、生道

"None can teach admirably, if not loving his task."

——美國教育家A. Bronson Alcott

「教你所愛，愛你所教。」

——數校「教師手冊」

這篇文章主要是筆者個人的師生經驗，文中沒有什麼大道理，也沒有什麼大事發生。

在成大開四門通識課，每學期共三百七十至三百八十五名學生，在工學院的演講堂上課，只有一名助教協助。清華最高曾有一班九十名學生的紀錄，沒用助教。通識課總有來混學分的學生，開學第一節上課，公布成績計算法、課程進度及教室規定後，我會加上一句：「歡迎退選！歡迎退選！」

如此，不該來的學生受到鼓勵退選此課，留下空額給有興趣、又沒選到課的學生補上，大家方便。

我是「五年五百億」菁英計畫被聘入教職。這計畫基本上是發展理工醫，人文及社會科學領域補助極少。當初賴明詔校長及湯銘哲教務長（這兩位醫生也在美國修得科學博士學位）希望我以跨文學及工程二大領域教學，影響文學院以外的學生進入外國文學及電影的領域，目的就是培養學生人文思維及國際化。秉此原則，我大肆收學生，使用個人寫的教科書（聯合文學：夏烈《近代外國文學思潮》），灌以塡鴨式教育，以傳統及保守的教法，用考試、報告及出席三項計算成績。我的想法是先用廣而淺的方式塡鴨，學生如有興趣，以後自己深入；如無興趣，起碼被塞下全面性的近代歐美及日本文學（及文化）概要，還有它們的電影。這種教法對不對？不會有標準答案。起碼每學期末學生對我的評分及評語相當好。我曾任某私立大學自然科學課程總召集人，看到有些教授因學生期末評估不好，只好分數膨脹，以免下學期修課學生不足，課程被停開。在這種非研究型的私立大學，就是要教書夠格，才能保住飯碗。

各階段師生關係

由小學、國中、高中、大學到研究所，師生關係最密切的常是小學，因爲那時還是小孩子，所以小學老師以女性爲多。國中是叛逆期，最難教導。高中師生關係有進展，也常遇到終生難忘的良師。大學教授與學生之間要疏遠淡泊許多，尤其是研究型的名校，師生常相敬如賓。研究所碩士階段師生關係難說，博士生則與指導教授關係應該密切，因爲是一對一的局面。我現簡略寫出個人各階段回憶點滴。

唸臺北國語實小時是全臺最好的小學，我們那一屆五年級開始以智力測驗分組，最高分的前五十名入甲班，我是第一高分，六年級又和一位女生同考第一高分。級任老師席淡霞只二十一歲，上海新聞專科學校畢業，姐弟二人隻身在臺，她是全心擺在學生身上。聯考放榜我們班竟有約三十名考進建中及北一女，眞是破天荒！但席老師沒教幾年即被捕，她在臺大唸工程的弟弟，趕快把姐姐的日記、信件及讀書札記燒掉，以免入罪。實際上席老師對政治毫無興趣，所以三個月後釋放。之後她遠嫁到在德國唸博士學位的臺大機械系蔣教授，蔣教授在英國教書多年後又回臺大機械系。如今，我們這些學生成爲企業家、院士、大醫生、新聞界大咖、教授、政府官員……還有一個在麻省理工學院任教的與諾貝爾物理獎擦身而過。所以我常對人說：「做小學老師，席淡霞是作到頭兒了！」見到她，就會聯想起高峰秀子主演的反戰電影「二十四の瞳」（「二十四隻眼睛」）。

開始教書不久，席老師建議我要在好大學教好學生。我不同意，有教無類，我也不是什麼學術大師，能傳菁華給一流學生。我一直認爲各種學生都有所長，功課好的以後不一定一帆風順，不擅唸書的受教於我，得到鼓勵稱讚，增加他們的信心，對未來憧憬。其實我在大學時功課極糟，幾乎四年不能畢業，現在也是名利雙收啊！

國中考進國語實小隔壁的建中，那時建中還有初中。我們在發育年齡，對女孩子和性特別有興趣，糊里糊塗的唸書，老師川流不息，有個教國文的高老師年紀不小，與學生談話無界限，視我們這些還穿童子軍短褲的初中生爲朋友，常講些黃色笑話，大家很樂。後來他被抓起來，管訓三年，大概不是什麼嚴重的思想問題。聽說放出後又回建中，還是在課堂上講黃色笑話。白色時期講講黃色沒關係，但不能發表紅色或灰色反政府言論。

建中高中有不少補習班名師，收入頗豐。我的數學一直極強，給這些名師留下深刻印象。考大學物理時慘遭滑鐵盧，只考二十分，但數學考分奇高，所以才能入成大工學院——那時大學部有工學院的只臺大、成大及中原三校。因是名人之後，變成宣傳商品，教解析幾何的汪老師常對建中或南陽街補習班的學生說：「林海音的兒子在我班上，物理只考二十分，幸好數學接近滿分，才能進了工學院。」

我現在是成大的教授，唸成大時因興趣及政治原因沒專心課業，專心的是橄欖球校隊的練球及比賽。同時四年全住校外，與學校關係少，當然與教授也不會有來往，下了課就走。畢業後服預官役時申請留美要介紹信，去見系主任，他不知道我是誰。這也就算了，荒唐的是多年後竟有傳聞我是系主任的乾兒子。這時系主任已任成大校長，因我一直在國外，沒機會請教他是否也聽過這傳言，及因何而起。倒是最近幾年我和倪校長的兒女成爲好友。

在美國南部德克薩斯州唸的碩士，指導教授很快給了助教職位（Research Assistantship），解決燃眉之急。他是個實事求是的典型工學院教授，我和他只有課業及工作上的來往，沒有其他的交談。一年半後拿到碩士，拜拜！以後沒再見到他。我曾去德州出差，開車逛了大學一圈，也沒去拜見他。因爲他指導研究生很多，不見得記得我。

密西根州唸博士學位時已作過兩年事，結了婚，有了小孩，買了此生第一棟房子及汽車。所以房子、孩子、妻子、金子、車子五子登科。我的主要指導教授——又遇到個典型的工學院教授，嚴肅而無趣的北歐挪威裔，只談學術，私事從來不談。他講課速度極快，不少人很快退選，免得夜長夢多。另外兩位次要指導教授，一位是應用數學方面的謙謙君子，還有一位二十四歲就得到博士學位的助理教授。年輕教授常約我打高爾夫球，互相以名字互稱，兩家也相約到家吃飯。博士資格筆試，我們三人在主要教授及應用數學教授方面都無問題通過。年輕助理教授方面是拿了題目回家作，一星期交卷，結果三人都未通過。他說：「再給你們一題，作三天，這次不過，就要半年以後再考一次；再不過，就請轉到較差學校去唸。」我絞盡腦汁在第三天深夜將答案卷由他門下滑入。回家路上忽然想到答案卷有一疏忽之處，問題不小，趕緊趕回空蕩蕩的工學院大樓，用拆開的衣架鐵線做成勾子，由門縫下勾出答案卷，修改後再度由門下滑入，此時已是曙光清晨。他數日後對我說：「恭喜你通過，可以專注在作論文上了。抱歉這半年讓你不能打高爾夫球，週末我們恢復，來個十八洞，打完我和琳達請你們夫妻倆吃頓飯。」美國人的文化就是如此：公私分明、公正、效率、不講情面，但又有人情的一面。

師生交往並不只限於大學時代。我是天生要帶頭的人，作事時比唸書時快樂，爲什麼？因爲可以帶頭，不需要被帶。最後學位取得後開始作事，當然有上級。他們年齡大（其實在美國不一定），有經驗，照理也可作我的老師，但是這多少年從未遇到過。本書第八章有討論到職場上的「導師制度」（mentor system），請大家做參考。這裡不重複。

爲師、爲生之道

作教授的對學生及對自己有何期許及要求？這問題不可能有標準答案，因爲每個教授個性及情況（包括經濟情況）都不同。以前做老師傳道、授業、解惑，動嘴教教古聖賢書即可。現在可不行了，得申請經費，作研究，發表論文，否則就不能升級加薪，甚至走人。還有，教授也是人，是凡夫，只是不是俗子，所以也要換大房子，要孩子入好學校，要滿足妻子血拼的花費……他還有多少心思擺在學生身上？這些，學生會知道嗎？他會告訴學生嗎？

因爲傳統的師道，中國學生常視教授爲學問深、行爲正當、關切學生的長輩或領導，教授也以此自許，甚至有云誤人子弟要入十九層地獄。中國傳統師生結合是以「游於藝」爲始，以「志於道」爲終。我還記得畢業紀念歌有：「念感師恩，天長地久，別師兮淚涔涔……」的句子。但是時代不同了，我們受到西方教育的滲透愈來愈大，這種角色上的認知必須要調整，實際上也是在調整。如今師生關係淡薄，甚至主客易位，學期末學生要給每位教授打分數，寫評語，也就是原本師生單向溝通，現在是雙向溝通，教授不再是權威的化身。美國更是常有年輕教授混在學生堆裡，學生叫他的First Name如約翰、喬治，而不稱某某教授或某某博士，亦師亦友此其謂也。實際上，我在美國的小輩也常叫我Fred，這是我的英文名Frederick（其實是德文名Friedrich）的暱稱，而不叫我「夏叔叔」或「夏伯伯」。如此並不失尊重，反而親切。

然而，年事漸長，教授與學生距離會加長，變成上下及主動被動的關係。這時教授大多不知道他們對學生的影響，總以為努力及聰明是學生成績好的唯一原因。他沒想到如果對學生親切、誇讚、鼓勵、關心會影響學生學習的意向，甚至影響到課業成績表現。如果他在教課時也會偶爾說說自己的經驗、自己的內心世界，學生會感覺可親近，不那麼正式。當然，如果學生太多，像我每學期在成大及清華有超過四百名學生修課，請問，如何對學生關心及親切？助教都是研究生，年齡接近學生，常是教授及學生之間的橋梁。

師生之間的溝通及相互瞭解相當重要。一般說來，大都會的大學教授比較會著重在校外找外快；小地方的大學教授比較會以校為家，金錢的誘惑不那麼大，所以放較多心思在學生身上。然而，教授在十數年前或數十年前是大學生，現在他們已不知學生的痛苦及祈望，忘記了學生時期曾有的最大問題，那是什麼？就是愛情、家庭因素、未來出路三項。

即使沒有去交異性朋友，心中總還惦記著愛情。實際上，長篇小說最大的兩個主題就是戰爭與愛情：千萬人死亡的戰爭竟與兩個人的愛情並駕齊驅。學生功課退步，無精打彩，常與單相思、單戀或失戀有關。這些老師會知道嗎？知道又能怎麼樣？總不能說：「同學，多讀點書，心神就會定下來。」吧？那是什麼老師？學生有這種事，很少會向師長、父母傾訴，但單戀或失戀之苦，足以消耗學生相當大的精力，甚至有沒頂之慮。

學生的家庭問題，不外乎家庭經濟、家人不合、親人有長期不癒之病痛。此外，學生或有學習困難、天分不足等等。許多學生會隱瞞，教授如何掘出？如何協助？如何讓他們擺脫族群、年齡、性別、國籍（外籍生）等各種歧視的壓力？我看不應該完全是「學生輔導室」的工作吧！教授每天在講臺上向學生教誨，此時能脫身嗎？

未來出路？專業學院（Professional School），也就是工程、醫護、律師、會計、建築等專業科系，別人不能搶飯碗，出路有相當的保障，問題簡單得多，反正等畢業就入行，或入研究所，或留學，多不需要教授指導。非專業科系畢業後何所適從，常靠教授的指導與教授與業界的關係，可以介紹學生入行。有些教授熱心，有些則多一事不如少一事。無論如何，教授常有多種經驗，學生與教授接近，會學到不少書本外的知識、人情、求職訊息及關係等。教授知道你的能力、性格及興趣，指導也容易，這種接觸常有意想不到的效果。學生初接觸教授，建議可問教授當年如何對自己的領域發生興趣，他的其他經驗，如何學習這門課？而不是如何取得好成績。教授也是人，他也希望學生對他有興趣，羨慕他，甚至捧他。

師生戀？

師生戀多指男老師與女學生，這種事發生在高中及大學部都有禁忌，研究生已屆成熟，接近適婚年齡，沒人管你。師生戀最出名的，當然是瓊瑤以自身在中山女高與國文老師相戀的悲劇寫成《窗外》，後由林青霞主演為同名電影，還有人曾寫成批判長文〈沒有窗，那有「窗外」〉。中學女生未成年，師生戀男老師可吃官司，以後由牢房望向窗外。

老師娶女學生的比比皆是，出名的如魯迅與許廣平差十八歲、余秋雨與馬蘭差十六歲、楊振寧與翁帆差五十四歲。我大學同學的女朋友唸臺大時在公車上遇到歸國客座教授，驚為天人，給名片一張。我們唸大學四年都從來沒有人給過名片，這女生還將名片拿給我同學看，小倆口子左右端詳。沒想到她臺大還沒畢業即嫁去美國，就是名片上那個人。

基本上，教授與女學生之間權限不平衡，分數操在手上，容易產生流弊。而一個巴掌打不響，教授年齡大，有學問，有權威，是女學生傾慕的對象。但師生之戀常無結果，甚至兇多吉少。師生彼此有意，顧忌多，如果教授已婚，情況更是複雜，弄不妥則身敗名裂，甚至釀成悲劇。曾聽說一位已婚大學校長與女學生有來往，又聽說那女生不見得有多漂亮，但「風情萬種」——這比漂亮更引人好奇，下場如何不祥？在美國，大學教授不准與現在課堂上或所管學生戀愛，課程結束進入另一境界，起碼許多年輕未婚男教授有權與女弟子結為連理，為什麼不可以呢？社會咸認教師、軍官及傳教者的道德水準應比一般人高，因爲他們有權威，所以必須限制，以防使用不當。公司或政府主管則另當別論，因爲管理對象年齡較大，個人權限也有限，又有反對黨的監督，名嘴的磨刀霍霍，所以濫用職權的機會要小很多。

師生戀並不涉及倫理問題，但年齡相距遠，絕非佳緣。爲什麼？不妨自己想一想。

「歡迎退選！歡迎退選！」

本文首言及我開學第一節課即大聲向同學說：「歡迎退選！歡迎退選！」這句話在我任教大學已成名言。我也問學生「我和你們是什麼關係？」學生都愣了，於是我告訴他們：「我和你們最基本上是商業關係！」他們更驚訝了。爲什麼？因爲學生付學費來上課，我有束修，所以他們一定要學到東西，才能達成此商業合約。否則就是不稱職，就該去職，終止這商業關係。每位教授想法不同，我就是這個想法。在國外待了許多年，與國內隔閡，剛回來教書的第二個月，有學生告訴我被女學生社團選爲「麻辣教授」。當時很喪氣，麻辣是一種火鍋，不是什麼好字眼，我想一定是經驗不足，書沒教好，才得此不雅稱號。沒想到系主任笑了，年輕貌美的她告訴我這是一種讚美。問她何種讚美？她也不說清楚，此事還上了臺北報紙成花邊新聞。如今事隔多年，我還存著那份報導，但還是不知所以然。

教授的正面特質是情緒穩定、幽默、尊重學生、成績分數公正、能被學生親近。負面性格是易怒、暴躁、固執、冷酷、刻薄、主觀。教授生氣時，全體學生注意力都集中在教授身上。但教師也是人，能永遠不生氣嗎？課堂上生了氣，要怎麼樣出場？

許多教授個性內向，喜歡作學問，並不喜歡教書，也不喜歡學生，卻教了一輩子書。實際上，教授表達能力最重要，學問再好，研究論文再多也沒用。美國許多優質的非研究型大學，只有大學部，只重視教學，重視發掘學生潛能，激勵他們接受挑戰，如此爲他們入研究所打下深厚基礎，或教導他們成爲社會中堅，或領袖型人物。我是喜歡教書的那一種，而且不會硬性的只教書本上的，待人處世也教，社會大染缸也教——我國最傑出的中學校長應是早年新竹中學的辛志平校長，他勉勵竹中畢業生：「爲語橋下東流水，出山要比在山清。」我與新竹中學無關，卻一直記得這句話。

第六章 閱讀，思考，創作——習慣的培養

因為唸了大學，所以要閱讀與思考，這是知識生活的核心，更是人與動物的區別。

並非每個人都要閱讀及思考。表舅民國四十年代在野戰部隊服少尉排長預官役，師裡的士官多是大陸上鄉村拉伕來的，都上過戰場，殺過人，不識字，軍中教育得以粗識文字。有一次野戰部隊發起「不怕死運動」，來個考試竟然不是是非選擇，是十幾題的問答題。表舅說看隔壁老芋仔中士彈藥副班長答題毫不猶豫，每題都只寫三個字：「不怕死」，「不怕死」，「不怕死」……。成績公布比他這大學畢業預官還高個十幾分。老芋仔副班長得意揚揚的對他說：「嘿嘿嘿！排長，軍隊裡的事不是你能瞭解的。」我曾看過一部外國戰爭電影，片中史恩·康納萊（Sean Connery）也對他手下士兵說：「Good soldiers never think, they obey.」實際上，多讀多想會產生懷疑，降低信仰。作為一個好士兵，好教徒，服從及信仰是重要元素。但無論如何，現代戰爭及新式武器都不一樣了，搞不好還沒看到對方，自己命就沒了。現在兵士起碼都有高中程度，要瞭解新武器、電腦資訊，都得閱讀學

習，不再能用過時的「不怕死運動」去啓迪士兵了。

信仰產生力量，知識也產生力量，兩者基本上背道而馳。我在大學教授「近代歐洲文學」及「現代美國文學」課程，必須要對聖經有某種程度的瞭解及熟悉。許多學生以爲我是虔誠的教徒或傳教士出身，但我告訴學生這門課只談聖經及基督教的知識，因爲我是無神論者，只閱讀聖經，並無信仰。

閱讀與思考有密切關係。讀得愈多，會不自覺的想的愈多；下筆寫則信手拈來，引經據典的寫；而寫得愈多，愈能深刻理解別人書中涵義或未竟之意。所以「閱讀→思考→理解→寫作→閱讀」可以是個循環的過程。下面我們分開來討論。

閱讀的喜悅

「多讀，多寫，多思。」是一句老生常談的口號。有人在圖書館工作了一輩子，卻並不喜歡讀書。也有國中程度的喜讀文學著作，品嚐力不下於大學文學教授。

秦始皇「焚書坑儒」爲的是什麼？大陸文革時期燒掉的妖書邪書是什麼書？臺灣白色恐怖時期爲何三〇年代文學不准閱讀？法國楚浮（François Truffaut, 1932-1984）導演的名片「華氏四百五十一度」（Fahrenheit 451）描述未來社會禁止人們閱讀、不能擁有書籍，消防員的工作不是滅火，是焚書。華氏四百五十一度，也就是攝氏二百三十三度，正是紙張的燃點……這些再再說明了書的邪惡，但是這些當政者並未因焚書而創造了一個美麗新世界。

然而，愛書的大有人在，喜閱讀的也占很大比例。有教授告訴我他不能搬家，因為有二萬本藏書。我估計一面牆上下六層書架大約擺一千本書，就算深書架能擺兩排，也只有兩千冊。十面牆！一個教授不可能來個一百多坪的豪宅吧！我還沒問他：你看得了那麼多書嗎？還有個朋友馬桶前靠牆有個小書櫃，但據我所知，他並沒有便祕的毛病。日本上班族在地鐵上人手一書，看的是什麼書？正書還是雜書？我看衆目睽睽下總不至於看黃色歪書吧？

有關讀書最出名的一篇論文是英人培根（Francis Bacon, 1561-1626）的「論讀書」（Of Study）。開頭即一言點破："Studies serve for delight, for ornament and for ability."「讀書使人得到樂趣，足以裝點門目，以及獲得能力。」他繼續說：「Their chief use for delight, is in privateness and retiring; for ornament, is in discourse; and for ability, is in the judgment and disposition of business.」「人在獨處或歸隱時，享受到讀書的樂趣；與人交談時，學問用來裝裱門目；工作及作判斷時，知識帶來能力。」

一般說來，閱讀有三種不同的種類：

1. 累積性知識：如數理化等科技類，要按部就班來，比如低階數學未修習，就看不懂高階數學。所以這種科技類書籍閱讀時得仔細琢磨，不能囫圇吞棗，不能用速讀法閱讀。

2. 非累積性知識：如文史哲等非科技類，常可中間切入。在大學本科階段讀這類書籍，重要的是要有選擇性，因為你沒有那麼多時間精力，甚至沒有那麼多興趣。所以有些書淺嚐即止，有些大可囫圇吞棗，甚至讀些摘要或介紹即可，但有少數須句句推敲。至於如何作此選擇，那是你的決定了。如非修課指定書籍，你向師長請教選讀哪些課外書籍，常可節省你不少精力及碰壁。當然，這師長必須是聰明人，大學教授裡蠢才及庸才相當少，但是平才不少。

以上兩類屬「嚴肅閱讀」，不只是增長知識，還會提升思索能力，啓發智慧。嚴肅閱讀初時可能艱辛，但爬上山巔得窺大千世界之美。嚴肅閱讀除你個人所屬科系的有關知識外，還有專業之外，類屬通識課程的知識。這些知識在職場上可能發揮相當大的作用。人們一般敬重知識豐富的人，女孩子也都敬佩談話有內容的男生。

3. 消遣性閱讀：如武俠、八卦、歪書、言情、壹週刊、皇冠雜誌……。不能總是嚴肅閱讀，那多枯燥。因為電子書、平板電腦、還有無線網路將逐漸發展取代筆記型電腦，閱讀可以在床上、海灘上、公園裡、餐館裡、遊覽車上進行。我們可預期消遣性書刊也將會由網站低廉或免費下載。如此，你不須去美容院看雜誌了。八卦雜誌及歪書是鴉片，稍進少量可提神，多吃上癮不至喪命，但沉迷於此，則人的層次變低，唸大學的目的是提升層次。

年輕人常以為書裡寫的都是對的，都是金玉良言，我看未必。其實許多是老生常談，是似是而非，是外強中乾，或是「我的座右銘」那種勵志八股。所以在閱讀中要加入思考，要去比較，鑑別，分析，形成自己的見解，不是人云亦云。

我們不可能買很多書，目前各大學圖書館藏書多，開架，開放給民衆閱讀。西方早有公共圖書館之設，日本則是一八六八年明治維新後數年，才學習西方設立公共大衆圖書館及博物館。中國的第一座公共圖書館是一九二九年在上海由留美生成立的明復圖書館。目前先進國家大約每一萬人有一座圖書館，臺灣每四萬人一座，中國大陸則高達每四十六萬人一座。

但是，年輕人已開始看電子書，不必去圖書館。大陸小學已開始電子書包。

讀書習慣的養成

臺灣的人每年平均讀二本書，遠低於近鄰日、韓的接近十本，歐美國家的數字更高。我知美國高中生被學校要求讀許多書，甚至要學速讀。我們的中學一般說來，老師不建議也不要求讀課外書。讀課外書反而是同學之間的談論及傳閱，而且多是好的高中才如此。如果是小說之類的文學書籍，可能只限於好的女子高中。假使高中沒有養成讀課外書的習慣，大學才開始會有些困難。如何要求高中老師開列書單，強迫高中生閱讀是個問題。閱讀的範圍不應該侷限於與臺灣有關的書籍，因爲我們的年輕人在國際觀方面愈來愈落後，我在大學教書很容易發現此一落伍之事實。

因爲讀書有許多好處，要如何養成閱讀習慣？簡單的一句話，就是不停的鍛鍊、自律、有毅力，不喜歡也去做。爲什麼做不喜歡的事？因爲對你有利。有一種說法，每天例行做一件事，二十一天到三十天可養成習慣。另一說法是最少六十天才能養成習慣。如果旅行或急事不得不中斷，那就要補上。習慣的養成，像抽大煙一樣，戒掉還不容易呢！

習慣養成常和環境有關。股神巴菲特（Warren Buffett, 1930-）住在美國內陸的奧瑪哈城（Omaha, Nebraska），該城生活寧靜，社會和諧，他說：「我的生活就是閱讀和思索。」有一種說法是「習慣決定性格，性格決定命運。」我唸成大時是德國系統，爲了和臺大競爭，理工學院大一每週平均兩次小考，弄得人仰馬翻。這種海軍陸戰隊式的基礎訓練，令成大生以後在社會上名利雙收比比皆是，多年來成爲企業界票選爲最愛。甚至臺灣第一個諾貝爾獎得主丁肇中就是成大機械系的，第二位李遠哲則是臺大及清華畢業的。臺灣就這麼兩個，但另一位成大校友朱經武（香港科技大學校長及臺灣綜合大學系統總校長）以超導體研究數度與諾貝爾獎擦身而過。這些人當年被成大嚴格逼迫，如今應有感激之心。

思考與閱讀學習

羅丹（Auguste Rodin, 1840-1917）是近代最偉大的雕塑藝術家。他最出名的一座雕像就是「沉思者」（The Thinker），比起他的「地獄門」（The Gates of Hell）及「吻」（The Kiss）二大傑作更要膾炙人口。「沉思者」最迷人的地方在哪裡？一言以蔽之，就是他雕的是一個孤獨的「沉思

The Kiss（吻）

The Thinker（沉思者）

者」。

中外有許多與思考有關的名句，列舉一二如下：

1. 「我思故我在」（I think therefore I am）：法國哲學家笛卡兒（Descartes, 1596-1650）認爲人的存在標誌是思維。人與動物的四大區別：人是直立（Homo Erectus）——甚至與人類基因最接近達百分之九十四的黑猩猩（chimpanzee）也還是四肢著地；人的手比動物要靈巧太多了——有猴子和狗能製手錶和I-Pad嗎？人類不像動物一樣亂倫（incest）——所以平均壽命高達八十歲以上；最重要的：人類的腦容積牽大，所以複雜而有思想（thinking），動物只有本能（instinct）。
2. 蘇格拉底（Socrates, 470-399 B.C.）說：「我思想，所以我快樂；我快樂，因爲我思考。」
3. 馬克思（Karl Marx, 1818-1883）說：「思考一切。」所以他窮十八年之精力寫出《資本論》（Das Kapi-

tal）一書。一百年後，世界上竟有近三分之一的人口生活在共產主義架構之下。

4. 子曰：「學而不思則罔，思而不學則殆」（出自《論語．爲政》篇）：只學習而不思索，將迷惘而無所得；只單憑空想，不去實地學習，那就得不到正確的學問。

所以，閱讀學習要與思考結合！因爲思考，才有牛頓的定律、李後主的詞「虞美人」、尼采的「超人學說」、愛因斯坦的「狹義相對論」……，甚至巴菲特的股票傳奇，都是他們努力思索而領悟出的道理。這些成功者都在年輕時養成思索及閱讀的習慣，李政道（與楊振寧）推翻守恆定律（Conservation of Parity）得到諾貝爾物理獎時，只有三十一歲。

自古以來，人類的基本活動有二：認識世界（閱讀學習）及改造世界（思考）。思考令人們發明了文字、輪子、印刷術、飛機，也發明了熱核武器及毒氣。一般而言，正面思考（Positive Thinking）對健康、人際關係、投資、甚至加薪都有加分。但負面思考卻與文學創作的美學相關，因爲文學的美在於它的浪漫性、悲劇性及叛逆性。同樣，負面思考對藝術創作也會產生正面價值。我想你應該能夠意會到這正負的意義。

基本來說，思考可由閱讀而啓發，也就是聯想，這與創作、創新或學術有關。另外在一般事務或生活上，常要以思考以解決問題或改善現狀。不是只有「有學問」、「讀很多書」的人才思考。郭台銘、蔣經國、王永慶、林海音、毛澤東……這些人物並無大學學位，他（她）們不思考嗎？如果只是本能反應，能達到那個位子嗎？從歷史照片上看，毛澤東房間裡都是書，是個很有創意的人。而先總統蔣中正是日本陸軍士官學校出身（日本無軍官學校），生活規律、刻板、整潔，因是優秀軍人而缺乏創意。

公認人類史上三大科學家是哥白尼、牛頓及達爾文（愛因斯坦並未上榜）。達爾文的進化論可說是最重要的一項科學創見，「物競天擇」的進化理論證據中，那些化石、觀察都牽涉到上千萬年的歷史，請問，要如何在實驗室裡求證？所以只得用推論。他的求證方法及推論邏輯相當具有啓發性，也是其他科學所重視學習的——這推論就是思考的產品。換一個角度，商場上及企業家的深思熟慮令他們宏圖大展，腰纏萬貫，那可絕不是靠冒險及運氣得來的。

坊間有許多有關思考方法及思考模式的書，你聽過這些專有學術名詞如：「平行思考」、「垂直思考」、「批判思考」、「圖像思考」、「分析、綜合、抽象、概括」……。其實思考不一定有一定的模式，每人心裡都有一把尺。我綜合一些個人經驗及想法提供參考：

1. 我要提醒你：思考後不可只偏重事情的價值，忽略事情可能造成的危險性——年輕人尤其如此。

2. 有時要擺脫定型的常規思考，沿不同的途徑，甚至站在人或事的對立面去想。最簡單的一個例子是：一輛大卡車遇到公路上陸橋標示比它裝貨低了三公分，這時司機停在橋前，煩惱是回廠重裝貨減低四公分，還是避開陸橋繞道二十五公里。旁邊一個玩小皮球的小孩天眞的說：「你把輪胎放一些氣，就可以過去了。」

3. 如果百思不解，就暫時擱置，等時機成熟，或以後有機會觸發靈感。最後實在沒辦法只有野渡無人舟自橫了。洋人說：「no solution is a solution」，「things will take care itself」。

4. 善於思考的人會抓住時機，想出對付方式，遇到問題不會驚慌失措，沉著應戰。許多學歷不高的商人就有這本事。是天性如此（所以才適合經商），還是商場如戰場把他們訓練出來的？基本上，一個人在設定目標時，要先想到「爲何」設定，比「如何」達成還重要。

5. 所有的書都說要「理性」的思考，我看不一定，那要看你是哪一行了。如文學及藝術創作充滿了浪漫及叛逆的色彩，也就是激情的感性，那就是「非理性」的思考了。

6. 思考最大的敵人是複雜，因爲複雜導致混亂，如果抽絲剝繭將思考簡單化，就比較有趣及有效率。

寫作呈現

閱讀與思考後，最重要的呈現方式應該是寫作。寫作有藝術性的文學創作及記載性的論述報告二大類。文學創作概分爲小說、戲劇、詩、散文四大文體。文學寫作永遠以藝術性重於思想性，換言之，文字技巧的運用及情感的駕馭要比道德、哲理、宗教、倫理……等思想內涵重要得多。這裡我們不談文學創作，因爲題目太大，是個專題，要寫一本書才夠。

記載性的論述及報告包括學術論文、新聞報導及分析、公文報告等等，以理性及知性爲主，有別於文學的感性。這種文章文字要簡潔，最好用第三人稱以示客觀。雖是論述文，但是文字的節奏及韻律還是要重視。爲什麼？因爲讀者讀起來順暢，效果就不同了。此外，報告文字每段不超過四個長句，平行引證不超過三個，否則焦點擴散，讀者失掉閱讀的興趣與耐心。最重要的，要一針見血，切忌反覆炒作同一主題——這和藝術性的文學創作眞是不同啊！

我觀察到一件事：藍領階級的工人及野戰部隊的軍人常不記筆記。你告訴他要做的事，他都記在心裡。可能他們比較單純，聽了就記住了。我年輕時在美國的工程公司任職，開會常不作筆記，也是記在心裡。後來上級給我升級，說是注意到我開會及聽上級交代事情時不記筆記，工作卻如期達成。爲什麼不記筆記是升級的考慮？我不知道，有些老美的習俗並不是很瞭解。我在野戰部隊服預官役帶兵時，開會也常不記筆記，因爲其他老芋仔軍官也不記。

許多人都認爲作家應該寫日記。我是作家，但不寫日記，因爲怕人看到我的眞面目。寫了鎖在保險箱裡如何？萬一鎖的號碼忘了呢？

最後我要說，思考與聰明有關，也與智慧有關——思考能產生智慧。閱讀學習及思索後，要如何付諸實現？我留下這個給你去思索，請你告訴我。我寫這篇文章時也在閱讀與思索。

第七章　職場上的合作、爭鬥、廝殺

"High office, is like a pyramid; only two kinds of animals reach the summit — reptiles and eagles."

——Jean Le Rond D'Alembert，法國數理學家及哲學家

許多文章說作學生時快樂，入了職場就有許多苦惱及煎熬，職場如戰場，失去了那份快樂。大概未必吧！起碼我作事時比唸書時快樂——我還從小就是優質生呢！我們在大學裡競爭的是學業成績及異性朋友，應該單純而公平，小手段使不上，全靠實力及條件。畢業後入了職場，五花八門的職業，由政壇到賭場、由公務員到演員、由科學家到售貨員……，各顯神通，各懷鬼胎。二十二歲大學畢業到六十六歲退休，有四十四年在職場上，是成功還是失敗？是愉快或是痛苦？有人水深火熱、度日如年，有人變成工作狂，賺了大錢的卻不會花錢，爲什麼？因爲他只對賺有興趣，根本沒興趣花；有些膽小的人被徵入野戰部隊帶兵，竟在戰場上培養出「殺人如麻」的精神；有些大學時清純，多年後報上登出他貪大汙被收押；有人實在不上相，竟變成著名演員或歌手……。這四十四年滄

海桑田，變化還眞不小。

最後一個例子，我在美國工作時曾有過一個頂頭上司恩尼斯特，溫文爾雅，能力及學術都強。他告訴我小時家庭窮困破裂，幾個孩子只好送給不同人家撫養，最後見到哥哥一面是小學畢業那年。四十年後有一天竟接到哥哥的電話，恩尼斯特問哥哥：「這些年你在哪裡？」哥哥直接回答：「大部分的時間都在監獄裡。」

大學文化與職場文化

大學基本上是個獨立的社會，不是象牙塔，但自成體系，與外界互動有限。大學有圍牆的校園，有教職員及學生宿舍，有相當的自主性決定課程及方向。這個獨立的社會與一般公司或公家機關不同，大學最重要的目的是教育及學術研究——研究的成果多不能市場化。而公司的目的是賺錢及生存，政府的目的是管理及服務人群，所以難以像大學一樣隔離爲獨立的校園。大學生在大學文化中生活，畢業後進入職場文化，必須要作相當的調適，這兩者最大的區別在「責任」：在學校你的責任只是要及格，那是爲自己；在職場你要對公司或機關負責；在學校蹺課沒人管，職場上不上班就滾蛋；學校作業遲交沒怎樣，職場拖延進度要砍頭。同時個人方面你要開始建立家庭，買車買房，要儲備子女教育基金及另一半的血拼老本，可能還要顧養年邁的父母。

大學教育常是理論性、甚至抽象及象徵性的，完全是個人化的學習。而職場重視與社會的互動、屬分享性的學習，以解決眞實問題或偶發事件爲主。大學教育鼓勵討論，知識導向，也相當公平。但職場並不鼓勵自由討論，讓員工大鳴大放，而是以公司利益爲導向，也常常並不公平，所以剛入職場一定要接受某些不公平。在大學除必修課外，你可自由選課，時間作彈性安排；但在職場上工作時間又回到如中學時的八到五，不能遲到及缺席，也無寒暑假及春假。大學課程進度固定，職場工作進度就不一定了，任務也常交代的不清楚。在大學有教師教育你，職場上常是自己摸索，起碼不會有成套、有組織的教導，「新生訓練」頂多幾天，也只在大公司或大機關才有——所以，現在你要靠自己啦！美國及日本的公司及機關有導師制度，我們在下一章作特別介紹。

職場分類

職場略分爲自行開業（包括與人合夥）及受僱領薪兩種。薪水階級又粗分爲任職私人公司（private sector）及公家機關（public sector）兩種。你要進入哪一種得看個性、喜好、志向、適應性及抗壓能力而定，還有個人環境及運氣也是重要因素。一般說來，自行創業要在爲人工作一陣子後，有了經驗、歷練及社會關係才跳出來。但也有人一直在正職之外兼差，或進行房地產股票買賣，以增加收入，這些都可考慮。舉例來說，埃及作家馬哈富茲（Naguib Mahfouz, 1911-2006）終生供職政府機關，工作壓力不大，業餘寫了三十四本長篇小說、三百五十短篇，還有十七部戲劇及電影腳本，爲埃及得到唯一的諾貝爾文學獎。

至於入私人公司或政府機構得失如何？大家都很清楚，這裡不浪費篇幅。只是剛畢業最好入私人企業磨練幾年，增加經驗，再考慮下一步。你們都聽說過在王永慶、郭台銘或張忠謀的公司裡混過幾年，別的公司一定會要你。此外，現在我國已資本主義化，又有兩黨政治及電視名嘴的監督，那種在公家機關喝茶、看報、聊天、玩網路、打毛線已不太可能，甚至還有裁員逼退的事。但無論如何，在公職及大型私人企業工作還是比中小企業要輕鬆，這些你自己衡量。但是，也沒有必要現在就釐定人生規劃，以後就一定是這樣走。未來四十四年職場歲月變化可以很大，許多不是你能控制的。還有，你只有二十年左右的生命經驗，你知道多少，能作此四十四年的生涯規劃嗎？

職場險惡嗎？

你總聽到「樹若無皮，必死無疑；人不要臉，天下無敵」，惡人先告狀，作事留一手，賊喊捉賊，寡廉鮮恥抱大腿，代罪羔羊，老板是豬頭（也是豬腦）……這些職場負面詞句。我在職場那麼多年，換過不同性質、不同地方、不同上司、不同文化及語言的工作不下七、八個，卻也不覺得職場是那麼險惡可怕。如果一個人總是抱怨說他的工作多麼不好，換了又換還是不好，他是多麼倒霉，多麼命苦，我看那就是他自己的問題。我認識的一個人多少年一路抱怨過來，最後外號就是「倒霉」。不解的是：「倒霉」已作到快退休，升到主管，臺北大安區及信義區有兩處房子，聽說外面還有個小的，挺令人羨慕的——眞是賊喊捉賊呀！

一般說來，公家機關裡的人際關係要和睦許多，因爲薪水結構公開固定，上下差的有限，裁員機率小，也沒有公司賺不賺錢分紅的問題，而私人公司紅利及股票可以比年薪高幾倍。許多人選擇穩定和洽的公家機關或公營企業，但是我要提醒你，如果後來想轉私人公司，基本上不容易獲得面談機會，在審核履歷表時就被擱置。

職場並不是那麼可怕，也還是比大學要求多。最後一項「辦公室春秋」會寫下應該注意的事提供參考：

一、求職

第一份工作時，學歷很重要，也就是出身的學校，因爲那是唯一評審依據，但成績並不見得那麼重要，反而在校社團及校外活動經驗會被重視，因爲這代表組織能力、領導能力。求職者的談吐當然是衡量標準，因爲這代表工作單位日後對外的溝通及形象。至於長相，對業務行銷有影響，因爲要「有人緣」，但坐辦公室則長相不加分。美國IBM一個銷售經理洋人告訴我，他注重求職新鮮人的談吐（遣詞用字）及在校成績兩項。我當時奇怪技術銷售（Technical Sale）與成績何關？後來想想成績好並不代表小聰明，是代表讀書努力，所以工作上也會努力。

第一份工作常不是最後一份工作，尤其是爲生活收入所迫，不得不先抓個事作。但第一份工作常影響你一生要走的路。尤其隨遇而安者，第一份工作如果還可以，也就待下去了，或在同一圈子裡打轉一輩子。然而不甘心的人還不少，有統計，人一生平均換五次工作（共六份），超過太多會給人無常性的感覺。回顧我這一生至目前，打工不算，包括預官服役共五個工作。只有最後兩個喜歡，還不是我的在校博碩學士工程訓練。

工作數年後再求職，學歷僅供參考，工作資歷及近年表現就重要多了。

二、試用期

常是三至六個月，要求的是聽話及學習（要學得快），不是創新。新鮮人要弄清楚主管對你的要求，不清楚又不敢問，悶頭苦幹，瞎子摸象，時間就這樣浪費掉。試用期間對服務單位有不滿或建議，請忍一忍，請思一思，千萬不要搶先發表，要去問問老手意見，因爲你可能不明底細，或不瞭解公司有困難，甚至公司故意要這樣作。頂頭上司是三個月後決定你去留的人，千萬別搶他風頭，蓋過他。新鮮人更不能參與評論公司人事問題及是非，這是主管最忌諱的。遲到早退當然要避免，如果不喜歡這公司，最好不要早下結論，先鬼混一陣子，因爲換一家你可能更不對胃口。此外，年輕容易囂張自大，自大可在內心，不要露白——也就是要「陰險」一點，你並不知道有多少同事是深藏不露或胸懷大志的。

下面談的是已正式被僱用，進入四十四年的奮鬥人生！這種職場文化的書籍多如牛毛：「厚黑學與你」，「教戰十八招」，「合作的重要」，「人生苦短魚線長」……。你買了也不會看完，實際上，多數的書寫得重複性都很高，縮短爲五分之一就夠了。現在我只挑一些重點談談。

三、合作

獅子和老虎永遠獨來獨往，只有狐狸和狗才成群結隊。

徐悲鴻在他的畫室前有一幅對聯：上聯「獨持偏見」，下聯「一意孤行」，橫批「應勿庸議」。

少數被肯定認可的研發人員可以不用跟大家合作，獨自開發，大家也不去打擾他。韓國三星集團的負責人曾說，這種人開發出的一個產品可以製造幾萬到十幾萬個工作機會。美國IBM公司曾發給每個員工一個小牌子擺在桌上眼前處，上面只刻了一個字「Think」。

以上這些只說明了特例，在辦公室或外場工作，合作都極重要，公司需要合作的氣氛，上級對你的考核，合作及情緒兩項占分不少。因爲合作大於個人的力量，也就是說一加一不等於二，而是大於二。即使大部分高科技的研發也都還是modularize細分再組合，鮮有單獨能挑大樑完成的——獅子與老虎是被認可的極少數。至於如何合作，如何分工，那是門學問，聰明人常能籌劃出好的合作方式。有說中國人一盤散沙，以後你升到主管位子，要如何凝聚部屬合作？如果你不喜歡唱卡拉OK，又不喜歡打麻將，你要怎麼辦？同事之交應該是淡如水，還是甘若醴？如果上級喜好大家常和在一起，下了班還是要和，你對「成群結隊」沒興趣，該怎麼辦？有些人就是喜歡「姐妹淘」、「哥兒們」這個調調兒，不一起出去和就是不合群，不上道，我看未必吧！工作上的合作、同甘共苦，與私生活上的攪拌大可分開，適可而止。

四、頂頭上司

所謂的職場倫理也就是上與下，與同事之間的交際互動。你與你的頂頭上司之間關係最密切，你的升級加薪及被處罰裁員都操在他手裡，他把第一關。與上級衝突吃虧一定大，就算是上級錯，你還是吃虧。因爲上上級多半是站在你上級那一邊，這不是官官相護，而是他們之間交往多，有交情。許多時候你得忍氣吞聲，有時候你可採取申訴甚至法律行動，但是你要衡量勝算有多大，值不值得。遇到性好吃人陰險的上司，最後一條路就是另外找事：「此處不留爺，自有留爺處，處處不留爺，爺去作八路。」我在美國工作時曾遇到不景氣大裁員，一位老兄被裁，竟寫電子郵件威脅上級，這種威脅氣話可以吃官司的，或以後求職誰敢僱你？這人才四十多歲，相貌及平時情緒態度都不錯，我不知他下落如何。

老板的祕書及助理掌握許多關鍵訊息以及八卦，你不能小看他們。另外一種人你可考慮結交的是人事處的職員，他們知道哪單位將有空缺，哪些主管走紅，哪些部門預算被砍，將改組、裁撤，但大策略與人事單位無關，它只是執行單位。

跟對了人，他走紅升上去，你也可能被帶上去。位子愈高，政治愈多，打聽清楚誰是被看好的明日之星，你不要騎在一匹死馬上。同時打聽公司的戰略目標，想辦法參與，及居中表現，主動扛起責任，如此上級才會對你刮目相看。

高位就像金字塔，只有兩種動物能爬上頂端：爬蟲類及老鷹類。前種辛辛苦苦、慢慢的、經年累月長期的爬；後一種是空降部隊，要有關係。你想想看吧！

五、工作場合

如今電腦及通訊設備發達，美國有近三分之一的白領階級在家工作，大都會區更多，因爲交通擁擠之故。電腦及科技工作者在家工作比率最高，省時又省力，許多老年職工也可因此延遲退休，但是低收入及低學歷者大多還是要去公司上班。彈性工作在美已實行二十年，我在舊金山灣區最後四年就是一週有三天在家穿著睡衣工作，買菜、洗衣、吸塵、掃院子都是我幹的，因爲妻子去上班了。臺灣或大陸、日、韓目前還不流行在家上班方式——我看這倒是個很好的碩士論文。在家上班與同事交往少，國人本來就喜歡傳小道消息，這樣可避免不少流言及謠言。未來臺灣會走上這條路。

遲到早退究竟對工作成效影響多少？也許沒什麼影響，但這是規矩，就得遵守。有些美國高科技研發公司老板及員工都穿牛仔褲、球鞋，上下班不定時。因爲他們重視的是新發明、新產品能海撈一筆，誰還在乎你在家裡、公司、星巴克、還是海灘上工作？實際上統計告訴我們辦公室工作效率平均只有百分之三十，百分之七十是聊天、喝咖啡、胡思亂想。說不定在自己選擇的地點工作，效率還高一些。

六、辦公室春秋

以下列舉數點應瞭解及注意的事：

1. 辦公室戀愛？不管已婚、未婚都會影響工作及辦公室氣氛。好的兔子不吃窩邊草，但愛情來時又如何能阻擋？這種感情的事沒有準則，你要衡量得失，因爲在某些情況及限制下，辦公室愛情不被贊同。
2. 拿這麼多薪水就做這麼多事？未必吧！多做一些，傷不了自己多少，不要斤斤計較。尤其私人中小型公司，要先有表現、有貢獻，才會被考慮升級加薪。你的「臺成清交」好學歷只在求職時有用，以後靠實力及表現。一般人常想到：「公司爲我做了什麼？」會升上去的則想到：「我爲公司貢獻了什麼？」
3. 辦公室不追求眞理及公平，而是追求競爭、效率、賺錢（公職是業績）。你一進職場就要改成這種觀念。
4. 不要向同事借錢，不搬弄是非，少吹噓自己的家庭成員。
5. 少許稱讚同事、上司、下屬，稱讚太多就是拿肉麻當有趣，適得其反。爲上臺表演的同事鼓掌。
6. 有些人喜歡及擅於玩辦公室政治，但夜路走多了，早晚遇到鬼。誠實及信用極度重要，給人狡猾的印象最糟糕。瞞不過別人的。老美常說：「there is no corporate secret.」（公司裡沒有祕密）。

「文武官員在此下馬」下馬碑

7. 職場上當然有小人，但能發生作用的小人並不多。至今我只遇到一個，剛到美國留學在一家義大利餐館違法打工，收盤子殘羹。帶頭的是個中南美來的小人，欺負我這新手，沒多久衝突發生，經理只因我先動手就即刻開除我。我出門時告訴中南美那廝：「我會回來看你！」其實我是爲籌學費打辛苦工，不可能回去找他，這樣說只是要他晚上睡不著覺，因爲他明我暗。基本上，我們在職場上對人要容忍、讚揚、尊重、接納。因爲由二十二歲到六十六歲，年輕時大家差異少，以後什麼樣的人都會跑出來了。

8. 「文武官員在此下馬？」一般說來，辦公室還是個比較保守的場合，所以喧嘩、奇裝異服、爭吵、遲到早退都不太被接受。但是言語輕鬆幽默反而加分。

9. 臺灣有許多外商公司及科技業公司，在國際舞臺上奮鬥，完全不受臺灣政府或政黨影響，更甭提地方派系及立委議員了，但作內銷的外商要看政府臉色。內銷傳統產業要作標案，所以和政黨、地方、政府有些關係，甚至得靠修改法規得利。你應有這種認識及瞭解。

我還要說些什麼？

臺灣是海島，以外銷爲主，所以與外國接觸多，外商公司也不少。基本上，東方國家用自己國人，歐洲國家用自己國人或歐洲人，美國則用全世界各國人。因爲美國就是一個移民國家，人種的大熔爐，連黑人都能當選總統。你如留學歐美或日本，學成想留下就業，心裡要有個底，否則就去開餐館。

我前面說不必有較詳細的生涯規劃，但遠程目標最好有，否則容易滿足現狀。年輕時壓力愈大愈好，對未來愈有利。公家機關與私人公司不同，大公司又與小公司不同。不管哪一種，你不應有上了賊船的抱怨，因爲抱怨無濟於事。但你應該保持對外聯繫，也就是建立人脈及訊息，比如參加同業工會，這樣做是爲了準備哪一天換工作，不必侷限於哪一家公司、哪一個城市，也不必怕被裁員。

第八章　職場上的導師制度

"In learning you will teach, and in teaching you will learn."

——英國搖滾歌星Phil Collins

這篇文章介紹一種通行於美國職場的「導師制度」（Mentor System）。

我國一些由美歸國者創立的公司有類似的師徒制度，但只限於純工作上的經驗傳授，常由經理或主管擔任老師，師徒之間存在的是正式的、工作上的關係，也就是只與現有工作相關，不涉及被指導者未來事業發展或生涯規劃。而且師徒制是針對新鮮人的短期指導，完全是公司裡的機能性質（functional）。

但導師制度是關係性質（relational）的，著重在被指導者

希臘的雅典學院已有導師制

的未來長期發展，有職業上的指導，也可包括私人生活上的指導。我個人在美國工作多年，曾經過此一過程，認爲有必要介紹到國內，祈望國內業界能學習及建立這種導師制度，對公司有利，對被指導者（Mentoree或Mentee，港譯「導生」）有利，對導師（Mentor）也有利，三贏。

導師制度盛行美國

我們在學校有導師，一個導師要對應全班學生，甚至多到近六十人，能得到的照顧及指導有限。到了社會，連這個照顧六十人的導師都不見了，總以爲你已成人，還要什麼導師？但是，爲什麼美國的公私企業還要建立職場上的導師制度？爲什麼這在中國或臺灣沒有進行？

一般說來，今日的職場與以往有差別：因爲女性雇員大量增加，「家庭主婦」這種名詞已過時；一些「限臺籍」或只僱外省人的公司或公家單位幾乎絕跡；再下去大陸人說不定也和我們混在一起，或者我們和他們混在一起；還有自動化在辦公室愈來愈多；政治上的民主自由也會影響到辦公室運作及氣氛；再加上民營化、私有化及全球化的衝擊。在這些變化下，辦公室文化必然跟著改變，員工的效忠性、服從性，甚至禮儀都與傳統有異。僱用單位要僱人、留人、訓練及培養員工，應該考慮對員工實施導師制度。

西方文化及文學的兩大根源就是古希臘文化及基督教義。導師（Mentor）一詞本是人名，出現在古希臘盲詩人荷馬（Homer，約西元前八或九世紀人）的史詩「奧德賽」（The Odyssey）中。木馬屠城計的設計者奧德修斯在出征前將兒子託付老友Mentor教養。以後這個人的名子演變爲「導師」一詞。

「導師制度」一九七〇年代開始在美國的職場盛行。如今前五百大公司中有百分之七十設置正式的導師制度，二百五十人以下的中型企業不少也設此制度。至於五十人以下的小型企業就不一定有能力及需要建立了。此外，導師制度多在辦公室白領階級實施，不延及藍領工人階級。但有人認爲要培養工頭，也應有導師制。我舉雙手贊成此一說法，因爲許多技術工人或從業員後來變成公司單位的骨幹。也有許多祕書後來自修升上去。

日本公司有所謂不成文的「前輩」（せんぱい）。前輩是表現優秀的員工，爲新進職員解答疑難。主要是希望新鮮人學習好的榜樣，避免年輕人因受不了工作壓力，很快就辭職。於是與工作及人生的「心靈導師」前輩共進晚餐，或在居酒屋傾吐心事，甚至私人生活如感情問題、未來規劃，都是諮詢要點。對於極度重視團隊合作的日本公司，「前輩」能夠更緊密的維繫年輕新進，加強他們的工作向心力，無形中降低了職場的流動率，所以日本公司常是一進去就作一輩子。

導師制造成三贏

導師基本上是向導生講解公私企業單位（以下以「企業」爲公私兩者統稱）的文化、歷史、成就及未來，還有指導工作上的需要；也傾聽導生的意見、困難及期望。導師常是資深及位階較高的主管，如此新進員工在茫然裡有人指導，心中踏實許多，不但減少撞牆的機會，也感覺自己是大家庭的一分子，希望隨單位成長，跳槽的機率大爲減少。美國有統計新鮮人準備只留兩年。

對企業來說，導師制度取代某些爲新鮮人設計的訓練和教育，輔導他們儘快「進入狀況」，節省不少時間、精力，也留得住人。同時這制度常是由不同部門的人擔任導師，如此有助於打破各部門各自爲政的保守心態。

導師爲單位指引導生，自己也有好處。他爲了教育導生，必須對單位更深入瞭解。如果指導出色，有了口碑，這筆帳掛在他簿子上，也影響他的升遷。此外，對許多人來說，爲人師是一種愉悅，一種成就感。想想，你現在指導的年輕人有一天成爲總經理、董事長、首長，或有出色成就，你會得意洋洋的說：「我是他出道時的導師！」

正式及非正式導師

導師制有正式（formal）及非正式（informal）兩種，還有線上導師（e-mentoring）。線上導師這裡不談，各位可上網去查看。

「正式導師」是由企業指派導師給員工，被選擇的員工應是單位認爲以後可能成爲經理或幹部，或其他特殊功能的新進人員。這種指派有特殊目的（value-oriented），不是一般兼具交誼性質的「非正式導師」。正式導師制有進度，有導師及導生的雙方的選取及培訓，當然也有成果評估，甚至發結業證書。作爲正式導師要申請、核准及培訓。培訓的內容不但與單位文化有關，也與企業利益相關。有些未被選中的新進人員主動要求進入此一制度，這表示此人有意待下去，或想爬上去，這時單位應考慮增加他進來。

我在三十五歲時被僱入美國聯邦政府，擔任專案大地工程經理的純技術性工作，作了不少年，從來不知道有導師制這種玩意兒。很明顯因爲我是外國來的，語言及文化都還不上道，所以不可能被考慮以後成爲核心幹部——這是作美國官兒啊！後來知道了有這麼回事，要求副局長擔任我的導師，每個月吃一次中飯，他告訴我缺乏哪種主流訓練、一些重要人員的個性及喜好、單位未來走向對我職位的影響等等。後來，這位比我還小兩歲、來自保守的中西部（Midwest）的副局長說：「我反倒覺得你很適合做一個生涯規劃或一般生活的導師，因爲你反應快，分析力強，見識廣，也樂爲人師。但你不適合做工作上的導師，因爲你對自己的工作並沒有多大興趣，你不願離開舊金山灣區，你也不想往上爬升。」我問他：「那你爲什麼答應作我導師？」他回答：「因爲當初我不知道，只覺得你不一樣，交往後才看出你來。」然後他又問我：「你爲什麼要找我作導師？」我回答：「我只是好奇，在臺灣沒聽說過這個。」

如果單位沒有正式導師制度，「非正式導師」可能出現。這時單位可能作一些協助，比如資訊的供給或物質報酬等，也可能無興趣或不鼓勵。這些「非官方」導師是新進人員自己去找的，目的是希望有經驗及位階的同事指導他們。指導的範圍可以超出工作及單位內情，甚至可以包括生活：比如與父母不合，與配偶常吵架，個人有妒嫉心強、太小氣、斤斤計較等缺點……，也可包括往後生涯規劃。此導師可能勸你換公司，因為這公司不適合你，或你的大才不適合這公司──如果是正式導師，那可不能隨便說這種話，像免疫系統失調一樣自己攻自己。這種導師亦師亦友，而導生也可能邀請不只一個導師，每個導師指導方向不同。

非正式導師可能是下上關係，而不是上下關係。通用電器公司（General Electric）的總裁有次在海外遇到另一保險公司的總裁對他說：我在電腦上的導師是個手下年輕人，每週教我兩、三個鐘點。位高權重、年薪可能上百萬美金的老總用了mentor這個詞。實際上，這個年輕手下可能不只教導他如何用電腦，甚至可以建議他公司資訊系統如何改善。於是GE的總裁回去後也推出了e計畫，多名基層年輕員工作為導師，指導近千名經理在IT及網路方面的操作，如此建立了GE龐大的網路資料庫共享。可見只要工作上有需求，由下至上逆向的導師制也可產生。

非正式導師既是朋友，又是顧問，可來自企業內部，也可以是外人。他們和導生之間強調個性上的配合，因為非正式導師是以「人」為本，提升導生的自信及工作表現，也啓發他們的創意及思考，除了期待對企業作出貢獻，也輔導他們謀求個人發展及社會適應。不像正式導師一定是企業利益取向。

導師的性別

職場上的規範、生涯規劃、典範常是依男性的情況發展設計，因爲以前男主外，女主內。如今職場上女性人數直逼男性，所以這些職場習俗已不適用。但是蕭規曹隨，要大幅度改進談何容易，人的心態更是難以掌握及修正。在美國，男性擔任導師要比女性多很多。只是女性員工找個女性導師可能講話及洩密（或洩恨）更方便。所以企業在選擇導師時，必須要考慮到女性員工尋求導師的方便。女性要在工作及家庭上取得平衡，那種雙重角色的困難及衝突常不是男性導師所能體會的。

導師與導生在互動一些日子後，可能導生已成長及成熟許多，導師不再能指導什麼，於是雙方終止這種關係，也許變成終生友人。甚至，導生已升級到比導師職級還高。如此，導生必須要找更高一層的導師。

在臺灣能上演嗎？

導師制並非只針對新員工，而是所有員工都要求發展，這和東方企業的「學徒」制不同。學徒制裡的「師傅」是老員工，最後把新員工塑造成老員工，好壞全收。

什麼人需要導師？基本上對事業前途有雄心，接受挑戰，對個人發展及適應生活有興趣，樂意接受別人回應，都會受益於導師的輔導。導生要主動去接觸導師，而不是坐在那兒等導師來找你，沒人找你也不必覺得「懷才不遇」。

什麼樣的導生能被導師注意？而什麼樣的導師又會被導生注意到？關鍵是「彼此是否看中對方的素質，而產生興趣。」眞是一語道破！匹配良好的導師與導生關係可以維持良久，甚至後來導生成熟了，開始指導老師了！

什麼人可以成爲好的導師？那是對爲人師有發自內心的興趣，有溝通技巧，願聆聽對方，願與人分享，善於啓發，有耐性——但我認爲這一切都歸功於一個字：聰明。換言之，聰明的人容易變成好的導師。爲什麼？因爲他聰明，所以能看出許多狀況，能知人，能做有效的指導。

國人講究的是關係，並不像西方人那樣就事論事，有些西方職場好的習俗尙未引進國內，導師制度就是其中一項。這本書會有些大公司企業負責人讀到，不可能只有大學生看。我希望這些負責人能在公私企業建立此一機制。對於各位同學，我建議你在進入職場後，持此文向服務單位建議成立導師制。或者，在你注意到或聽到某位資深同事可以是個優秀的指導者後，持此文走向他，問他對本文的看法——你會得到答案。

第九章　職場社會上的男女關係

"in the image of God created he him; male and female created he them."
——舊約：創世紀

先舉兩個例子：

公司女性領導善用以柔克剛或不戰而屈人之兵

為照顧年邁父母，我與妻子分居臺北及舊金山兩地有年。我在臺灣教書，每逢暑假赴美見面，我去美國時，每天為她準備早餐及晚餐，清理房內及園院，總攬一切家事，因為她要上班，我在家孵豆芽。

在美國的保險經紀人有一年搬去紐約州。他告訴我，他妻子被僱為銀行分行總經理，所以他賣掉保險事務所，不工作，在家照顧一個小學生及一個幼兒園生，就是名副其實的「家庭主夫」。他認為這樣子很好，因為妻子比他做保險要賺得多很多。

進化論中的男女構造

有些女權運動者認為男人和女人在為人、處事、心態、生活……各方面都應同等——實際上不可能，因為男女在人類進化的過程就因環境及「處境」而有別，又何況生理構造及腦神經系統也不同。二〇一三年十二月美國國家科學院的學報公布最新腦研究，發現男子在前腦及後腦之間的腦神經聯結要比女子多，而且左腦及右腦各自之內的神經聯結也比女子多。這說明了男子對工作任務的領悟及協調較佳，對完成單一工作很適應，男子也傾向於快速的動作及決策。而女子左、右大腦之間的神經聯結較多，所以在溝通、直覺、注意力、記得別人面貌方面較強，擅於合群工作，也會將情感注入她的決定。

基本上，兩性的外形、體能、器官、知覺及感官都不同，比如女子的嗅覺、味覺、觸覺及對高音的聽覺較男子強，女孩也比較早學會說話。但男子的空間感、距離感及視覺敏銳度較女子強——你可以去注意一下周遭的男女是不是如我以上所說。

在性格方面，男孩較為獨立，攻擊性強；女孩較被動、依賴、柔順及照顧幼小。這些對比的性格是先天（生物性）的，還是後天（社會性）的，至今無明確研究結果，只是推測及統計。也許基因工程發展下去，會找到答案；甚至人的性情及長處短處，也能在基因分析裡辨別出來。但是社會文化（包括價值觀、文字語言方式、社會規範及抽象的符號）對人的影響及限制無法去除，也有可能比生物性的因素還重要。

由胚胎學的觀點，人類基本是雌性，男性的特質是後來附加的。這等於宣告上帝先創造夏娃，後在她身體上加了男性特質，製造了亞當，與舊約「創世紀」所言不同（「創」2-4及2-21）。但這沒有衝突，因為聖經是一本基督徒奉行的聖書，書中許多象徵性的講法，不必強以科學辯駁或求證。

還有一個觀點要提到，遺傳上父母各提供二十三對染色體，但在產生、孕育及教養下一代上，女性的付出遠超過男性。由一開始的交合，男子射出一億至數億個精子，女子只排一個卵子，且是一個月才排一個，一生也不過排四百個左右卵子。同時她一年也只能生一次孩子，因為懷胎就要九個月。社會生物學家因而推論女子比男子更願為養育小孩付出——但這只是「推論」，尚無法證明。再下去，男性的死亡率自受孕開始就一路領先。男嬰的流產及死產都高於女嬰，年輕男子因暴力、意外及作戰死亡當然遠多於女子，中年男子死於心臟病、癌症、胸腔及腎臟病的機率是女子的兩倍。所以雖然男女出生率大約是一百零五比一百，到了四十五歲左右，女子人口就與男子不相上下了。到了六十五歲以後，女子人口更多，因為我國女性平均壽命為八十三歲，男性只得七十六歲。

職場上女性開始當家？

對要畢業的學生而言，一定會想多瞭解職場。今天男女大學生比例相當接近，職場上的比例則是女少於男，主要和生產及養育小孩有關，還有照顧年邁父母也常是以女兒爲主。此外，臺灣女性在生育後即永遠退出職場不在少數，雖然她們強烈表示，如政府能主動提供托兒及托老措施，她們返回職場的意願非常高。再加上臺灣大量男性前往中國大陸就職，所以臺灣職場男女比例上，可能會很快拉近平衡。

這裡我要岔出去說一下，歐洲對職場女性的產假及育幼假（均帶薪）遠比美國、日本及臺灣要優渥很多，百分之百帶薪產假是四個月（德國）到一年（丹麥），四個月之後還有十四個月是百分之六十五薪資，甚至北歐有夫婦共用產假高達四百八十天，美國、日本、臺灣完全沒有這些，幾乎什麼都沒有。歐洲人認爲孩子第一，智商（IQ）形成的關鍵期是十四歲之前，十七歲智商定型，再增加教育投資也沒用。美國是市場中心，福利是市場的大敵，如何能讓全民爲生及育買單呢？然而美國另有盤算——工學院研究生百分之七十以上是來自世界各國的菁英學生，連大學及中學的十六年教育投資都省下！

「男理工，女人文」還是大學生普遍的現象，但是改進了許多，原因是理工醫出路廣，薪資高，許多女生開始進入此類科系。我唸成大時因成大脫胎於臺南工學院不久，以工學院爲主，男女比例大約是十比一，成大女生「稍具姿色」（即七十分（含）或以上），幾乎一律嫁給成大男生，無一不落網（不能用「無一倖免」這成語，因成大男生條件相當高，是女生爭取對象）。如今這比例已降爲十比三左右。

有史以來，中國女性一直受到壓迫，「男主外，女主內」、財產分配及繼承、「女人餓死事小，失節事大」、無投票權、就學機會少、工作機會更遠少於男子……。以往女性的工作常是農林漁牧礦（第一級產業）的低層體力勞動工作，或技術層次低的製造業（第二級產業）。現在女子有三分之二在服務業（第三級產業），其中保險、房地產、金融、批發、餐飲及零售更是居於主流，但仍偏向在職員、銷售員、助理地位。尤其分出的第四級產業，如高薪的高科技業，女性還是相當少。傳統的社會性別文化已深植人心，難以一刀兩斷，而且在所有的弱勢群體中，女性一直是最大的弱勢群體。但女性常無此自覺，男性也視爲理所當然。

然而今天時代不一樣啦！一九六〇年代的女權運動至今已大爲改善了女性的地位。第一個女性主義的楷模應數夏綠蒂．勃朗特（Charlotte Brontë, 1816-1855）筆下的《簡愛》（Jane Eyre）。簡愛獨立而有尊嚴，根本是出面帶領及照顧男人，難怪優良的高中女學生常以《簡愛》爲課外讀物。二百年後的今天，已有些傳統的男人行業由女性帶頭，比如美國最大的通用汽車公司（GM）二〇一三年任命瑪麗．巴拉女士（Mary Barra）爲首席執行長，而我們不要忘記，汽車及卡車一向是男人的天下及喜愛。美國政府操經濟大權的現任聯準會主席葉倫（Jannet Yellen）也是女性。但是女性擔任高層主管的還是少數，美國一千家大公司中，女性任執行長的少於百分之五。這個玻璃天花板與女性照顧家庭有最大的關聯，她們爲此做兼職工作、常請假、不敢擔負重任，甚至害怕職業上的成功帶來太多麻煩，因而不表達升級的意願，如此阻礙了女性職場的發展空間。胡適曾說過：「自古成功在嘗試。」女性常羞於害怕、甚至不願嘗試，如果不嘗試，不表達意願，如何能成功、創新及升遷呢？我的妻子在美國一家中型的石化工程公司升到副總裁，也曾被選爲美洲中國工程師學會的會長及理事長。但她告訴我都是被動的，她從未要求過這些高位，是被人推上去的（當然她也沒拒絕）。她做這些事時，我也在上班工作，但退到幕後位置，擔起照顧家事，打雜，也爲她作不少祕書工作。

東方國家，日本女社長（高級領導階段）只占百分之十，女主管（經理階級）也僅百分之十，但臺灣女主管達到百分之三十，其他東南亞國家的女主管大概也是百分之二十至百分之三十。是否，百分之四十是女主管的玻璃天花板？反而，跨國大公司有不少CEO（高級領導）是女性。爲什麼？你（妳）不妨研究調查一下。

「成功的女人背後有一個男人？」未必吧！成功的女人背後是她自己。而女人職場上的天敵，也還是女人。有一種說法，女性的細膩、溫柔、善溝通、耐性高、接受挫折力強等五大特質與管理上的需求是一致的。反觀男性嚴肅、不善溝通、霸道，並不是管理下屬的準則。但是男性比較有魄力，有擔當，有決斷力，這些又是帶頭的需求。你說呢？

男性要有遇到女上司的心理準備，要瞭解女主管行事方式的不同，也要瞭解女主管興趣及脾氣的不同。我在美國多年都在工程單位，從未遇到過女上司。以後有些年做行政工作，有遇過女上司，說不出處得如何，因爲我心中一直另有打算，也就不在乎那個工作了。這些年在臺灣的大學教授文學，二〇一四年才遇到第一位女性主任，只單獨聊過兩次天，甚歡。

辦公室裡的女性

職場上男女彼此合作及互相競爭的情況在所難免，經常聽到男性說女主管不好相處，更常聽到女性也說女主管不好相處。是眞的嗎？臺灣職場上女主管高達百分之三十，接下去與大陸來往更多，許多男性去大陸工作，臺灣職場女主管比例會更高，早晚碰上一個，你或妳說該怎麼辦？讓我們先來看看女性主管的優缺點；相反的，也是男性主管的缺優點。

基本上，女性比男性要感性得多，要善解人意，溫柔體貼。但女性較情緒化，這種情緒化如不表現在外，也是隱藏在心中（所以女性患憂鬱症較多？）。然而女性比較敬業，這是她們「被迫」培養出的女性職場文化，因爲多年來一直是男性主導；她們吃苦耐勞，交際手腕高，工作效率也高。男同事高談闊論時，她們低頭工作，如此，被上級重視與喜愛。有個男教員對我說：「遇到女同事做同樣工作，算你倒霉，她們可眞是專心又努力啊！弄得你很不好看。」然而，女主管可能心眼小，把私人情緒帶到公事上，愛計較，因不願冒險而徹底執行上級交待，弄得大家都不舒服。男主管就常有「哥兒們」的情懷，甚至包庇下級，小小縱容，吃案——這也是因爲他們處於主流位置，所以做事比女性有信心，有膽量。我曾在四月時去美國首府華盛頓出差，上面告訴我最好安排這時去，爲什麼？因爲這時櫻花盛開。同事Bryan告訴我，他的女上司要他晚二週去華府，爲什麼？因爲這時櫻花盛開，女上司怕人說閒話在這時節派手下去出差。

大的公司或公家機構上級領導們絕大多數是男性，官場文化裡的積弊日深，官僚、詐欺、違法、貪瀆……這些男性領導或主管常視而不見，或把問題捂蓋住吃案，因爲戳破就捅出漏子來，影響以後官運。反而是女性幹部升到中級主管就到頂了，所以那種高層或大官文化對她們沒影響，更能做事，甚至更有作爲，比如塑化劑案，就是檢查單位一位女性資深技正努力不懈查驗所揭露的。

男女辦公室文化

男女兩性的辦公室文化（也就是心態及作爲）不同，現在舉出觀察到的及我個人的經驗供作參考：

1. 男性在工作上多重視最後成果，也就是result-oriented；女性相當重視過程是否和諧，也就是process-oriented。
2. 男性面臨壓力時會愈來愈孤立及集中注意力謀求解決，其他諸事拋諸腦後。女性在壓力下常與人談論，希望獲得瞭解及支持，也就是情緒上的發洩及紓解，並不急於立即尋求答案。

3. 在溝通上，男性有速戰速決及簡化的傾向；女性較重視對方的感受。

4. 男性集中精力做一件事，較不喜同時做兩件或多件事，要一件接一件順序來；女性可能同時做幾件事，同時聽幾個人對她說話。這可能是因爲在洞穴時代，男人只要出去狩獵即可，女人要照顧洞裡一切的人和事——你說誰比較辛苦？

5. 男性重視自己的能力，可能史前時代在獵場就是如此；女性與同事分享工作情緒並不代表能力不足勝任，只是想「找人聊聊」而已。

6. 男性本能的要求加薪升級，女性常被動——卻在背後抱怨。

7. 男性要記得與女同事打招呼，叫她的名字，不是一見面就談工作。要誇讚她的外觀、衣著、髮型。女性會注意到男同事每天穿的不同衣服，男的不會，或根本認爲那個不重要。

8. 國內女性常給人有「沒有事業心，卻有好勝心」的印象。尤其遇上其他女性同事挑釁或競爭，好勝心油然而生，情緒戰火可以持久而熾烈。

9. Yes123求職網邱文仁副總曾稱男性之間的嫉妒較傾向職位及金錢的比較，而女性的「陰性競爭」嫉妒則比較在職務、人際關係、打扮、甚至包包款式。多倫多大學研究發現女職員面對女主管時，比較容易發生憂鬱症、失眠。

10. 女主管重視工作的過程及細節，所以不妨隨時報告一下進度；男上司重視「拿出成果來」，最好不要隨時去煩他，見面講講笑話最好。

11. 登高當然要靠意志力及野心，女性自己爬上去比較危險，不如找一把梯子，請別人幫助妳爬上去。如何找這把梯子（又是一把穩當的梯子），那就要看妳的判斷及交際手腕了。

12. 雖然許多女性在生產後停止工作（離職有年後再重回職場只百分之十二），但一〇四人力銀行調查二十至四十歲職場女性把工作擺在第一位，金錢報酬第二，家庭第三，愛情反而排在後面。

13. 女性從小就很少被要求參與決策，賦予較大責任，因而決斷力比男性差。一位女經理建議女性以投資理財做開始來訓練決策能力，比如股票的買賣就需要長期、短期或即時的定奪。但是人事問題，不管男女主管都要三思而後行，因為人事問題一作決定就回不了頭。

14. 去大陸工作的機會將愈來愈多，所以孩子的教育、配偶的工作都會是問題，各位要預期，要注意別人如何處理，聽聽他（她）們的大陸經驗。此外，有百分之三十七的女性表示願意去中國大陸工作，那代表了什麼？又有多少職場上的女性願去美國、日本、歐洲或東南亞工作？

15. 有些女性主管常不好意思指揮部屬做事，也做不到授權分層負責，自己去做許多事，忙得像個無頭蒼蠅，把自己累死。深以為戒，深以為戒！

16. 女性在職場應展現女性的優點，不必刻意隱藏女性特質，千萬不要刻意亮出「男人婆」的態勢。上級如果要找個男性化的主管，就直接找男人好了，何必找個男人婆呢？

17. 相貌英俊美麗的男女，在求職及晉升機會上均處有利地位。對肥胖的歧視在所難免。而且美麗的女性常知道如何擋掉辦公室的追求者，可能從高中就培養出此技能。

18. 同性戀及雙性戀占人口百分之三至百分之四，此一族群在就業市場仍屬弱勢者，但社會風氣已日益開放。

性騷擾及辦公室戀情

因爲在辦公室的時間比在家裡長，又沒有柴、米、油、鹽、醬、醋、茶及小孩子哭哭啼啼的牽掛，男女產生辦公室戀情的機會不少，甚至比在求學階段還多。如果是婚外情，後果要自己衡量決定；假若要脫身又不能全身而退，或者有工作上直接從屬的關係，那就是另一種考驗了。

不管已婚、未婚，辦公室裡兩情相悅別人管不著，但言語及肢體上的性騷擾則構成行爲問題。一般來說，男子風流被認爲是有本領，下流則是另一種評估了。多數女性被性騷擾（不是強暴）都隱忍，而毛手毛腳的多是五十至六十之間的半老之徒，五十歲以下少有。美國人常說：「Dirty old man at the corner」，就是我國在巷口等著女學生經過那一種老傢伙。毛手毛腳占些小便宜，臭名遠播。這樣做是因爲不能控制自己，一種病態。

這兩個問題不是無解，但牽涉到一篇專文，不在此申論了。

題外話：愛情是靈藥？毒藥？

我要岔出去談談男女之間一些區別以及他們的愛情與婚姻。

愛情是一種快樂，也是一種痛苦。人生是一連串的偶然與無奈，愛情來了，愛情又走了。我以前喜歡美國流行歌曲，有統計指出百分之六十以上歌詞與失戀有關。義大利作曲家董尼采第（Donizetti, 1797-1848）在「愛情的靈藥」一劇中，著名的詠嘆調「一滴情淚」唱出服下靈藥能令對方愛上你。屬眞？是假？何從判斷？

年紀愈輕，愛情愈熾烈。開始交往時相敬如賓，一進入戀愛，吵架就來了。而且以悲劇終場的愛情不在少數。請問，你知道有多少人與初戀情人結婚？

女孩比男孩要敏感得多，年輕的男孩常注意不到這些，造成破裂。男孩一般說來占有慾相當強，而且表現在外，也喜歡誇大吹噓自己的長處，這是天性，女孩可以順應誇他，滿足他的虛榮心。有個沒受過什麼教育的婦人說：「對男人就要像對小孩一樣。」這句話學問可大了！其實女人占有慾比男人還強，只是不便表現出來。做爲一個女人，的確有許多不方便，譬如喜歡一個男人，不方便主動去追，只能暗示，對方領會不到就沒辦法了，總不能像男人一樣大膽下手吧！

如果愛情變成毒藥，對方要分手，那再努力也沒用。爲什麼？因爲愛情是一種感覺，不是理性的衡量，感覺沒有了，或感覺給了另外一個人，還能挽回什麼？不如另找出路，絕不值得做出不理性的行爲，傷人或傷己，甚至以生命要脅。

愛情的下一步常是婚姻。那麼……

婚姻是天堂？地獄？

都不是！你當然聽過婚姻像攻城，城裡的人想突圍，城外的人想打進去。實際上突圍和攻城都是幻象，稍瞬即失。一個成功的婚姻最重要的是條件的配合，不一定是愛情的結果。因爲愛情是感覺，不講求條件，見面心跳、臉紅、說不出話……愛情就此發生了！但是那種新鮮的感覺能維持良久嗎？婚姻是一輩子的事，還關聯到親友、事業、財產、名聲、宗教、甚至政治圈子，你說能不考慮雙方條件的配合嗎？冒然爲愛情成婚，以後再後悔就麻煩了。爲什麼？因爲我們不是爲了離婚而結婚。現在可以試婚，也可以男女財產分開，所以婚姻應該比以往更有理智的衡量。然而，幾十年婚姻下來，雙方的條件可以起大變化：變醜了，變得遠超出配偶的能力，變得更有地位，收入更多，……。這不是只有男方，我看到女方後來遠遠超越男方的比比皆是。幸好年齡是女人的敵人，發發牢騷就算了。否則每天下班回家，看到那個面目可憎、穿著睡衣的老公該怎麼辦？

至於婚外情，如今社會開放，那已不再是男子的特權專利。如何預防或阻止？還是依市場機制不聞不問？結婚後如果每家購置一架家用測謊器（Lie Detector）是否有效？機場附近爲方便有二奶村公寓，是否該由都計局與建商協同阻止此類規劃？……我看這些顧忌實際上沒有解決之道，也只能順應社會習俗發展。信教的人常用「沉淪」這兩個字。但是，是沉淪還是人性？

因爲女人比男人多活六、七歲，又通常比丈夫小二、三歲，所以老年時寡居近十年，怎麼辦？讓我告訴你。男人進入中年就變成寂寞的人，有飲酒作樂、賭牌、講黃色笑話的朋友，但沒有分享心中話、痛苦、憂心、顧慮的友人，你的父親就是如此。女人完全不同，一直到極老還有閨中密友分享心中的私密。女人彼此講悄悄話、嫉妒、挑剔，但是她們之間的友情比男人要親密得多。所以老年女子喪偶後，可能與姐妹或要好單身女友同住；男子喪偶則很快再婚，鮮有與兄弟同居。當然，老年女子難找對象也是事實。老男人只要口袋夠深，還是有人要。由此觀之，婚姻是天堂或地獄應是你當初的眼光及判斷，也是夫妻倆的磨合及命運。

講講同性戀。因爲現在人們對他們愈來愈容忍，他們氣勢也愈來愈盛。我年輕時嘲笑他們，現在不會。我認識三個同性戀者是我國極著名作家、舞蹈家、藝術評論家，與他們來往很自在，因爲他們有女性溫柔的一面，沒有同性的威脅性敵意。他們因賀爾蒙、基因、或遺傳而與我們異性戀者不同，並非刻意選擇同性戀。我因教授歐洲文學，必須要多讀聖經。看到舊約羅馬書及利未紀中，上帝要消滅同性戀者，很不以爲然。性取向不可能改變，所以家人要瞭解、接受、協助，強迫導向沒用

——他們已經受過許多痛苦了。但是，軍官、教師及神職人員的同性戀傾向必須要被注意及約束，因為他們的行業講求服從，權力可能被濫用。尤其是軍隊，如此可能嚴重影響到部隊作戰能力，甚至導致不必要的傷亡。至於同性戀伴侶領養子女是否恰當，子女會不會被歧視，會不會缺乏傳統父母之愛與教誨，會不會在性取向上受到影響，不是這本書探討的範圍。

變化就在眼前

職場上男女比例的變化，主管的男女比例變化，還有臺灣更人性化、更尊重女權的變化，這一切男女都要預期及適應。在臺灣社會，男性仍然是主導，但不會包辦所有高位、高薪、權益。女性要爭取自己的權益，不是與男人硬碰硬，那是一種自殺的行為，英文是suicidal。女性要記得「以柔克剛」、「不戰而屈人之兵」這兩句話。

第十章 一生的賺取及財富累積

「人賺錢很慢，錢生錢很快。」

——猶太人的智慧全集《塔木德》

許多年輕人說不在乎錢，認為重視錢的人俗氣。但是到了成家年齡就不是這種想法了。即使你自己淡泊，也得為家庭著想，起碼小康：購屋、養育子女、出國旅遊、年邁父母、退休打算……錢緊迫尾隨，無一刻鬆懈遁形。你二十二歲畢業開張，工作到六十六歲收攤，但理財及經營卻是直到九十歲掛點，所以有六十八年要在錢裡打滾（90－22＝68）。

基本上大學生或研究生，尚無財產存款，此文目的是給各位一些財產及投資基本概念，這些概念愈年輕入腦愈好，愈不容易忘記，年齡再小則不容易理解，所以對大學生最適合。

你這一生的資產來源可能是以下十項：薪金、房地產、股市、匯市、黃金、期貨、商業投資、遺產、贈予、國外投資。我們分開來討論。在逐條討論之前，我以本身多年經驗給你的建議（或警示）是：投資項目應該要分散比較保險，不要把所有的雞蛋都擺在一個籃子裡。因為各項投資都會因時消長，投資不是投機或賭博、押寶，是你一生的老本兒，不要因押錯了寶而「晚景淒涼」。還有，如果有機會、有門道，投資國外也是一種分散。

薪酬永不嫌少

除了自己開業或繼承家族企業，我們一生最正常的收入是薪資，也就是上班族的固定報酬。大畢後有四十四年的工作時間。一般說來，如圖一所示，前五年的薪資成長率最快，六至十三年次快，但慢了許多許多，再下去多靠年資調整，只有少數人升上金字塔，愈上去，位子愈少（圖二）。

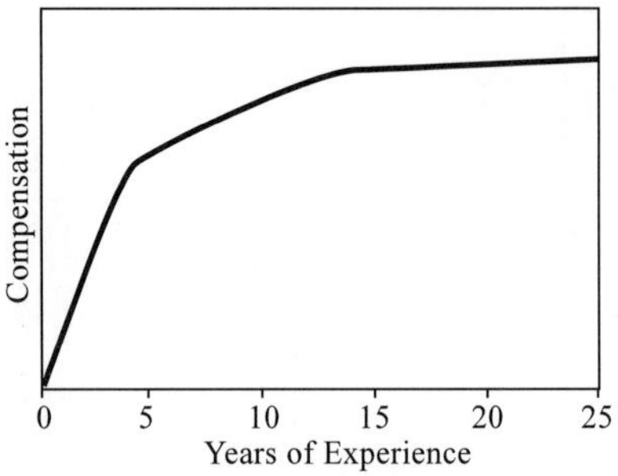

圖一　薪資成長曲線

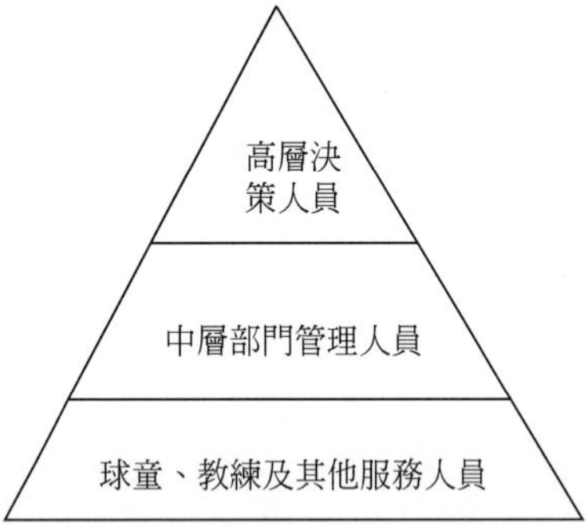

圖二　愈上去，位子愈少

大多數人的薪酬在十年左右達到最高點，之後年紀增長但薪資不長，或說因爲是只長年紀，不長能力所致。以前薪資隨年資增長，現在公家機構如此，私人企業則是績效導向——資本主義的社會就是如此。調查發現：研發、業務、行銷是薪資成長最大的三大領域，因爲這些工作最有表現機會。換言之，技術研發、業績數字、接案數字（及金額）也最容易被衡量。這些是公司營收的關鍵工作，當然調薪快，但是也有不景氣的去職風險。工作性質屬例行性如行政、總務、助理等，因取代性高，不僅起薪低，調幅也不高。

一般說來，專業人員薪資高，也無法被取代。專業學院及科系只有工程、科技、會計、醫護及律師五大領域，其他非屬專業。舉例：電視臺或某大報招考記者或編輯，頂尖新聞系出身不見得優先錄取，只要文筆好，反應靈活，沒有大學學位也可能擊敗政大新聞系畢業生。

現在這快速變化環境，「終生僱用」已成神話，實際上也少有公司能維持到三十年以上。但如果要換工作，最好起碼作到三年以上。換多了，給人沒定性的感覺，或表示你人際關係有問題。基本上換工作應有百分之二十的加薪，否則許多無形的損失如原公司裡建立的人脈、影響力都付諸東流。但也有人另有打算：我在密西根取得博士學位後，得到全美各州數個工作，卻接受一個比當時薪酬減少百分之十的加州舊金山灣區工作，房價還高一倍以上。有兩個朋友說：「沒有人像你這樣搞法的！」那時我是有投機的押寶念頭，認爲包括矽谷（Silicon Valley）在內的舊金山灣區會大發特發，先搭上巴士再說——後來證明眼光是對的。只是要不要投機因人而異。當然，當時也有其他考慮，包括當地的亞洲文化及亞洲關係遠超過全美其他各地。

工作能力多元化及工作性質深入的人，薪酬一定同步成長。至於要走專業路線或管理路線，那不但要自我省視，也要詢問他人意見，最好是有本書第八章所提到的導師（mentor）的指點。

如果薪金及職位自知都到了瓶頸，就要認命，抓住退休金爲上。或者，穩住現有工作，大可在工作之外兼差，比如投資房地產。年齡漸長，工作丟掉很難再找到另一份相關的，就算開計程車或做大樓管理員也有年齡限制。所以到了四十五歲，就要開始注意之後二十年的工作狀況，五十五歲要開始爲退休盤算。

房子永遠不嫌大

到了退休年齡，大多數人最大的資產就是那棟房子，而一生中最大的支出也在那棟房子——支出包括貸款、稅金、保險、整修等。許多人將餘款買第二棟、第三棟房屋，因爲房屋增值比銀行利息或股票投資要多很多。因此，我國空屋率是紐約或倫敦的三至四倍，是香港及新加坡的二倍以上。爲什麼還未泡沫化？因爲近年房貸利息低，市面上游資多，再加上祈盼陸資會來臺等三因素，所以自住、投資及投機者對房地產有信心。近年房地產上漲的比率遠超過薪資或其他投資的增長，這好光景是否持續下去？不但和臺灣的經濟發展同進退，更與兩岸的政治關係息息相關，大陸是世界第二強國，我們有極大的外匯收入是來自大陸，所以與大陸關係惡化會立即大幅度影響房地產——當然也影響整體經濟。

大多數人在三十多歲後才買生平第一棟房子，這是因爲求學年限延長造成晚婚（臺灣是男三十二，女三十）。婚前購屋的是少數，這是習慣問題，也是因爲頭期款不足，要先工作幾年存這筆頭期款項。成婚後則是兩份收入，貸款也容易很多。因爲一般銀行房貸是每月不得超過夫妻合併月入三成：丈夫月薪五萬，妻子五萬，則每月房貸不應超過三．三萬。否則就得買較便宜的房子，或向親友借錢多繳頭期款，以降到三．三萬。此外，你一定要對數字及預算熟悉，否則會搞亂掉，數年後被迫售屋，或生活品質大幅下降。

因爲離婚率高（千人有二．四對，四分之一是異國夫妻），夫妻購屋必須要瞭解清楚房屋登記的產權、稅負、貸款三件事。我能想到的列如下：

婚前購屋登記在一人名下，以後離婚另一半不得要求均分售屋所得。但婚後曾分攤房貸部分則屬共同財產。婚後購屋即使登記在一人名下，仍屬夫妻共有財產，登記人可不須另一半同意售屋，售屋所得均分歸二人。婚後購屋最好登記在一人名下，因「自用住宅」有一生一次「土地增值稅」的優待。換房或購第二棟用另一半登記，以後售屋另一半可再用一次優待。

房屋貸款有連帶保證人的問題，要向銀行詢問清楚。還有欠債行爲會不會拖累另一半的法律問題，都得弄清楚。

貸款大多是二十年，今天每月所付房貸和十九年以後一樣，但你的薪水一直向上調，所以多年後房貸壓力要減輕許多。

你應該向專家請教這些問題，律師或會計師顧問費是每小時四千元或以上，代書則每小時一千元至一千五百元，代書對一般的事都很清楚，二小時應足夠。因爲牽涉到法律，不要輕信親友說：「我想是這樣子的……。」

一個人平均一生換四次房子，你的第一棟房子不會是最後一棟房子，所以不需要是你最喜歡的Dream House。重要的是儘快下手，如此錢可以由付房貸存下來。等薪水調高了，又存下一筆錢，再加上房屋漲價，如此可換大一點的房子。不要忘記，薪水漲，每個月的房貸支出並不漲，比如你家住的那間公寓十八年前每月付房貸九千元，現在還是每月九千元。買房大小是由你的付款能力決定，也就是不超過夫妻收入的三成，最多不超過五成。如果上班在臺北市，臺北市買不起，就要買在他處保值存款，而在臺北市租公寓住，因爲雙北每月租金要遠比每月房貸低許多倍。另外，你可考慮尚未蓋好的預售屋，因爲可拖延至完工才付款，漲幅也較大，只是裝潢得花一筆錢，大約是一坪二萬。

你大學畢業後要工作四十年，臺北市的房子四十年漲了約二十五倍，也就是四十年前一百二十萬的房子，現在值三千萬。其他縣市漲幅不及雙北。在一九七四年以前，臺灣房市是三年漲一倍；一九七五年到一九七九年之間，五年就翻了一倍；一九八〇年之後的十年之間，房價大約漲一倍。一九九〇年之後，房市陷入長期的不景氣，一直到二〇〇三年、SARS期間最慘；後來就開始谷底反彈，近八年漲幅二至三倍。但有很多五樓老公寓沒有電梯、沒有停車位，通風、採光都不好，設計未考慮地震，可說不宜居住。買房子地段最重要，好校區及捷運站永遠增值最快，好山好水反而比不上好破好亂（及好熱鬧）的市區——方便是第一要素，但許多人不喜歡市區。

影響房地產的因素共有六大項，包括房貸的利率、稅率、經濟成長、資金、供需、通膨等。另外，境外新興國家房地產的投資有可能賺兩道，除了漲幅比穩定已開發國家要快很多，還有新興國家幣值也會漲得快。八年前上海浦東買房，如今約漲五倍，加上人民幣升值百分之三十六，所以等於漲了近七倍。前年有臺灣退休公務員由臺北房仲公司帶去馬來西亞，大約買下兩千多棟房子，房價不到臺北的三分之一，不到二年又漲了百分之三十。問題是如何進場？因爲你在上海不認識什麼人，住在旅館買房子也不是一個星期就能了斷的。

股市漲不多

股市投資一般包括股票（stock）、共同基金（mutual fund）、指數基金（index fund）、指數股票型基金（ETF）及債券（bond）五大項。我們要回頭看以往股市，才決定如何做。

臺灣股票交易市場成立於一九六一年，由臺灣證券交易所主掌，座落於臺北一〇一大樓之內。股票市場的升降變化以加權指數作表達，加權指數是以上市掛牌的普通股作計算，特色是大公司如台積電、鴻海、中鋼、台塑加權計算，所以也反映了臺灣整體世面的興衰，可說是經濟走向的櫥窗，與美國股市的標普五百（S&P500）代表美國五百家大企業相同。加權指數在一九九○年二月創下一萬二千六百八十二的最高點，那是一九八八年去世的蔣經國大振經濟的餘波蕩漾。實際上，一九八五年後數年，投資戶由五十萬戶暴增爲二百五十萬戶，現在是四成民衆進入股市。股市交易是週一至週五上午九點至下午一點三十分，每天僅僅四．五小時，菜籃族、公務員、教師、甚至大學生都興奮投入，本島一度變成全民大賭場。然而最高點後不久即崩盤，一九九○年二月歷史最高點之後的八個月內降一萬點以上，至二千五百點左右。海外熱錢及投機大戶及時拔出，小戶被套牢，遍地喪家之犬。以後加權指數在一九九七及二○○○年再兩度登上一萬點。如今已有十四年不能破萬點，離一九九○年的最高點已有二十四年。（二○一五年四月二十七日曾瞬時破萬點，但立刻又跌回）

我們是參考美國的SP 500建立加權指數。觀察美國的SP 500在一九九○年二月大概是三百四十點，如今是近二千點，漲了六倍，我們這二十四年反而跌。用二○○○年作比較，還是跌。這代表了有原因令股市漲不上去：是政黨鬥爭拖累了經濟發展？是缺乏帶領經濟的前瞻人物（如李國鼎、孫運璿、趙耀東、蔣經國）？是大陸的強盛影響了我們的股市裹足不前？還是那時漲得無理性的太高了？如是，爲什麼房地產卻漲上去？無論如何，你這一生資產累積不能靠股市。當然，以美國股市的長期上揚趨勢，你也可以在臺灣投資到美國的指數基金。實際上，你可在臺灣開立美國證券商的帳戶，甚至可以用自己的電腦下單。

除了上市的股票，還有上櫃的股票（也有指數），是在證券商的營業櫃檯以議價方式進行的交易行爲，稱爲櫃檯買賣，又稱店頭交易，英文爲Over-the-Counter，簡稱OTC（也是美股同名）。另外有一「臺灣五十指數」，是臺灣加權指數股票中的前五十大公司，多是工業科技股，類似美國的道瓊工業指數（Dow Jones Industrial Average, DJIA）。我們股市許多運作都是學習美國，但不要忘記，美國是唯一股市波動會影響全世界股市的國家。

房市及股市是最大的兩個投資市場，常常在房市賺到了錢投入股市，股市賺到了錢投入房市，總之不能讓大筆的鈔票閒著，存在銀行拿百分之一的利息。

爲了防止股票價格暴漲暴跌，避免引起過分投機現象，有漲停板及跌停板的機制，也就是一天之內，某一股票的漲幅或跌幅達到一定限度（比如前一日收盤價的百分之七），立即停止交易。另外在行政院有一高達五千億的「國安基金」，則是在有重大事件影響股市大舉下跌時進場護盤，類似當年李登輝君發表兩國論引起大陸試射飛彈，或二〇〇〇年民進黨總統大選獲勝。「國安基金」有大部分來自公教退撫、勞退、勞保、郵儲等「四大基金」。因爲「四大基金」擁有龐大金額，其營運績效直接影響民衆福祉與國庫支出，原則上，國安基金不會輕易進場護盤。

我個人經驗及分析判斷列下，供各位參考：

1. 買股票比買房子在動作上容易太多，也快太多，脫手也比售屋快：我在臺灣用電腦及網路可自行下單越洋買美國股票，美國即時回報成交。股市需要入場的金額遠比買房訂金低。但股市及金市收益多比不上房市，而且危險性高於房市。

2. 買股票的目的可以是儲蓄保值、投資、及投機。如買投機股票，不要傾囊而出，因爲一次、兩次成功，不可能永遠是贏家。下一次可能將前面賺的再加老本兒一齊賠光。如爲儲蓄保值（因銀行只給百分之一），請考慮「多年來」配高股息的大公司。

3. 買共同基金（或ETF）要比單獨股票穩當得多，因爲一支共同基金投資多家股票或債券，風險分散。一般股民沒有股市的知識及判斷力，又相信道聽塗說，甚至「內線消息」。內線消息輪不到你，到了你已不是新聞了。還不如選購共同基金，把時間、精力用在其他有意義的事務上。花再多精力在研究股票上，勝算也有限，看看臺灣這二十四年股市沒漲反而跌就知道了。

4. 股市上有各式各樣的投資顧問專家，各式各樣的共同基金，然而，美國的多年研究結果是百分之六十的投資專家及共同基金不能勝過指數基金。所以有經驗、有腦子的投資人不會去找他們操盤，還不如自己購買佣金極少的指數基金，隨市場起伏，作長期投資。在臺灣這就是與「加權指數」或與「臺灣五十指數」相關的共同基金（或ETF），還有店頭指數也算在內。如果你認爲臺灣股市不會有大作爲，你也可在此買美國的指數基金。

5. 美國股王巴菲特（Warren Buffett）不太投資高科技股，因爲新科技很快會被取代，誰知道蘋果電腦十年後會是什麼樣子？不可一世的諾基亞（Nokia）就是一個好例子。

6. 臺灣股市不如美國穩定及成熟，人爲操縱力量甚強，而且受到政治形勢相當大的影響。美股雖有短期上下，整個趨勢這五十年是向上升。美股有相當大的一部分是由大投資者所擁有，比如各級政府及各大公司的退休金、銀行（有許多存款）、保險公司（收了許多保險費）、大投資公司、大學的基金等等。我國尚未如此，起碼五千億的國安基金是護盤用的，其目的並不是投資，或儲蓄在股市。

7. 如果不買共同基金或指數基金，而是買一般股票，則儘量不要只投資一家公司。因爲這公司再強，也可能向下沉，像Nokia這種例子不在少數。

8. 股市的投資分析有基礎分析及技術分析二種。基礎分析是衡量各種影響股價的因素，預測該股票未來趨勢走向。技術分析則是將股價及交易量變化軌跡製成圖表，由此以科學方法預測股價短期變化趨勢，是一種短線投資。市面上有這種工具書，但做技術分析的人很少，絕大多數的人懶得低頭去玩圖表。一般說來，股市賺錢不需要什麼大學問，買對了時間比買對了股票重要。股市比經濟起伏要早半年，這是因爲大投資者有足夠的眼光看出半年後的經濟趨勢，進而入場或離場——比如十月經濟要開始起飛，股市在四、五月左右就開始向上爬升。

100萬元的金元券

金市與匯市，人民幣入場？

薪水、房子、股票之外，就是金子（也包括銀子）及外幣。我們常聽到「黃金美鈔」這個詞，尤其是有政治危險及經濟大動亂時，這個詞兒就浮現了。爲什麼？因爲通貨膨脹，預期金價要上漲，或對自己國家的幣值不信任。比如一九四八年國共內戰時金元券急速貶值，上圖是一百萬元的金元券。

長期來說，金價是上漲的趨勢，但短期的波動不見得能占到便宜，如果要急用，可能被迫低價賣出。如果是投資在紀念金幣、漂亮的金首飾，出售時更可以比金價還低。如果要存金條、金錠、金塊等，要考慮到失竊的問題。我年輕時先慈帶我去銀行，她租的大保險箱裡擺滿金條，當時並未問她爲何如此。這些實體金物的買賣以銀樓爲主。如不願存實體金物，可開黃金存摺或黃金帳戶作交易。此外，投資金礦或其他礦業股票也屬更便利的管道。只是這類股票牽涉到公司的探勘、生產、運銷、災難等各項層面，即使黃金漲價，金礦公司的股票不一定漲。

存金子沒有利息，還有風險，但如果埋在後院（住臺北市沒有後院），或藏在沙發、床墊夾層中，每隔一段時間晚上取出，在內室燈光下細細觀賞那些閃閃發光的物事，卻也是人生一大享受。只是最好讓配偶和孩子知道有這麼回事，否則有了三長兩短，不像銀行、股票、地契一樣有紀錄。誰知道你有這種配置。

匯市就是外國貨幣的市場，俗稱「外幣買賣」。外匯市場因三種原因產生：進出口貿易（約占百分之五左右）、匯率變化的投機（多不是投資，占百分之九十五左右），及有外國資產（如工廠）的對沖需要。為投機而作的匯市交易常是美金、日元及歐元。基本上，匯率受到政治事件及軍事活動（即戰爭）影響不少，黃金價格亦是如此，所以我不認為匯市操作是一種一生儲蓄財產的投資。我曾在忠孝東路四段有一間大公寓的六樓，七樓是一位女士租住，二十四小時作匯市操盤生意，曾兩次下來延攬我作她客戶，告訴我錢有多好賺，我沒答應她。後來那屋主賣房，匯市交易女士搬去楊梅買房。如果匯市錢那麼好賺，怎麼不在臺北買房？

現在冒出來個人民幣存款。二〇一三年二月，金管會開放國內銀行人民幣存款業務，同時包括人民幣保單及投資陸股等一連串的投資理財工具，宣告臺灣正式走入人民幣理財元年！只不過短短一年，就成長五倍到二千多億人民幣，也是臺灣整體外幣存款百分之三十以上。因為美國債臺高築，而中國擁有最多的美國國債，人民幣在全球金融市場的地位不斷上升，逐漸成為強勢本位貨幣，終將與美元並駕齊驅，而且會成為亞太地區國家的主要結算工具。這一年，臺灣已成為世界第二大人民幣市場，僅次於香港，超越第三、四的新加坡及倫敦。因爲人民幣對美金還是會升值，所以可以考慮人民幣存款的另種投資。

不需要精細財務計畫

高科技的風險性投資（Venture Capital Investment）、商業上的投資、期貨、債券、藝術品、蒐集物、珠寶……等的投資或投機這裡不談了，談也談不完。贈予及遺產一切按法律規章進行，也沒什麼好談的。只是我要提醒各位數點如下：

1. 爲了遺產，兄弟姐妹反目層出不窮。最好子女聯合向年邁父母提出討論，同時要求開列財產名單。
2. 也應與代書或會計師討論處理程序以降低稅額。我親眼看到朋友因旅居國外數十年，不瞭解法規，而未採取一些措施，導致多繳數千萬的稅。起碼應該買一本《六法全書》作參考及規劃之用。
3. 你要在老人將過身時，調查清楚他們是否有其他地產或市區畸零地（還有後院或沙發裡的藏金）。因爲老人或病痛之長者可能會忘記或忽略。像市區畸零地可能價值匪薄，一坪可以數千萬，有許多無人繼承被拍賣或充公。

我認爲你並不需要訂下未來經濟財務計畫，然後像鴕鳥一樣一頭栽進去。因爲經濟狀況一直在變，你有計畫，卻時時要修正，甚至大陸關係及臺灣藍綠政黨誰當選都是因素。個人或家庭帳務，不需要太仔細，大概心裡有個數就可以了。

富人的特徵

最後讓我告訴你一些富人的特徵：

1. 他致富之前及之後都不會排隊去買樂透，因爲他不靠別人的協助或是靠老天爺，他靠他自己打拼。
2. 一般人總認爲要用自己的錢去賺錢，富人則是用別人的錢去賺錢。一般人重視增加存款，富人重視花錢投資的機會。他永遠不滿足於現狀，不停的投資，也說動別人投資。
3. 他常和成功的人（winner）在一起，疏遠失敗的人（loser）。他花錢井井有條，窮人常隨心所欲。
4. 一般人教導孩子如何在這世界上生存，富人教育他的孩子貧富的差別。一般人認爲賺錢辛苦，甚至邪惡；富人認爲錢賺愈多愈好。
5. 富人把助人擺在後面，他認爲先助己才有能力去助人。

6. 他活在未來，認為金錢是工具及機會。一般人活在過去，退休後有個舒適的生活就夠了。
7. 他不認為學位能致富，而是以學習特定技倆致富。換言之，他掌握賺錢的技能，而不是文憑。

第十一章 未來社會的科技與人文趨勢

「我來教你們做超人，人是應該被超越的。」

——尼采：「查拉圖斯特拉如是說」

什麼叫未來？是未來五年、十年、還是五十年、一百年？如果平均壽命是九十歲，那麼現世還有七十年的未來。邏輯上，未來不可能準確的被推斷出來，因爲如果能斷定，那也就是說未來是無法改變的。所以，我們只能依現在的趨勢，預測未來可能發生的，還有是不是我們需要的？如不是，如何去阻止或改變。幾十年前，我在美國工程界任職，隔壁房間的詹姆士與我交往頗多，他夫妻倆都聰明優秀，除地質工程本行外，對文學、藝術及音樂、電影也有興趣。我曾隨口問他爲什麼沒小孩，他卻強調三十年內核子戰爭不可避免，大家都會死去。如今幾十年過去，蘇聯改變了，中國與美國之間有緊急熱線，核子滅絕人類應已消除。詹姆士退休回到他德克薩斯州的家鄉，他們沒小孩，會後悔當年的錯估嗎？

用簡單的數學作比喻，馬爾薩斯（Thomas Malthus, 1766-1834）在《人口論》中言及糧食成算術級數增加，人口成幾何級數增加，所以要有天災、戰爭、流行瘟疫來平衡人口爆炸，現在科學進展呈指數（exponential，10的n次方）增加，或說上一個世紀科技的進展速率是以往數千年的總和。也有人說以現在的速率，這個世紀各方面的進步將相當於過去二萬年的總和。是不是？我們拭目以待吧，以我的年齡，可是等不到了——除非有不可思議的奇蹟出現。

以下就生物科技、電腦及網際網路、其他科技、經濟、社會及人文六大項的未來作討論。

科技帶進人類文明

我是文學教授，喜愛的是電影、雕刻、詩、音樂、藝術、小說、哲學……。這些屬人文藝術、形而上的感性領域。但不能不公正的說一句話：人類文明的進步主要是由科技締造的，也就是理性及知性帶我們走到今天這一步，其他心靈上的都是陪襯。沒有科技，雖不至茹毛飲血，但不會有電燈、抗生素、瓦斯爐，也不能活八、九十歲這麼長。紀元元年人類平均壽命二十歲左右；過了二千年，二十世紀初葉，歐美先進國家是四十餘歲；再過一百年，如今平均壽命加倍爲八十餘歲——當然是拜科技之賜。如果活都活不好，怎麼還能想到唐詩、貝多芬或畢卡索呢？看看，非洲及中南美洲是人類開化最晚的地區，因爲他們連輪子及馬鞍這種簡單的科技產品都沒想到，要等歐洲人帶進來——也帶進歐洲人的殖民地、梅毒、天花及瘟疫。歐亞大陸之間因是東西向陸軸，日照長度及季節變化相近，緯度相同，所以文化及技術傳播要比南北向陸軸的非洲及美洲爲快。

二十世紀上半葉是科學（Science）發展時期，量子力學及相對論均在此時出現；下半葉是工程技術（Technology）的發展，主要是電腦及網際網路；現在進入二十一世紀，應該是生物科技的時代。我們談到未來幾年到幾十年科技可能的進展，這不是英國作家赫胥黎（Aldous Huxley, 1894-1963）筆下的「美麗新世界」（Brave New World），也不是我國最重要的科幻小說大師張系國創造的想像瀛寰，而是依現有狀況對未來的推斷。

生物科技起步不久

一九五三年華生（James Watson, 1928- ）與克力克（Francis Crick, 1916-2004）推論出DNA的雙螺旋模型（DNA double helix model）；二〇〇〇年人類基因體的解碼計畫（Human Genome Project）大約完成，對於生命的起源、演化、細胞發育、分化及疾病發生等研究，提供了重要資料，也是人類探索自身奧祕的重要里程碑；而近年幹細胞（stem cell）的積極研究更引起相當大的爭議。以上這三項生物科技上的創舉可比美過去研發出的疫苗、抗體及抗生素。

無疑的，生物科技還會有極大極大的發展空間。我個人認爲這些發展要比電腦科技或原子物理化學的發現還重要，爲什麼？因爲生物科技與人體有直接的關係。電腦或原子科學令我們的生活更富裕，但生物科技令我們活得更健康，更長壽。健康長壽當然要比活得富裕重要很多。

生物科技就是生物科學的商業用途，主要是用在農業、工業、畜牧及醫學上——醫學當然就是人體。所謂的遺傳工程（genetic engineering，又稱基因工程）就是重組DNA，根據我們的設計對不同生物的遺傳基因，進行基因的切割、拼接和重新組合，再轉入生物體（動物或植物）內，產生出我們所期望的產物，或創造出具有新的遺傳特徵的生物類型。目的是改良農作物的品質、產量及抗蟲性，改良動物的肉質及環保考量（所以有「環保豬」出現），製造新的藥品等等。

如果食用牛或豬的基因被改變了，沒有什麼人出來說幾句「公道話」，因爲牠們反正是「畜牲」，是我們食物鏈上的供品。但是如果人類的基因被改變了，問題就不單純了。實際上，許多人類的疾病如糖尿病、心臟病、白血病、老人痴呆症、中風、腫瘤、脊椎神經傷、肝硬化等，都可能用幹細胞治療。目前距離臨床還有些距離，但未來十年一定會突飛猛進。再下去，許多衰弱的器官都可由基因工程修復或取代，因爲幹細胞有演變、分化、更新、自我修復的能力。在這裡，我要提出一件事。美國科學家Hayflick一九六一年提出人的細胞分裂到五十次時就會出現衰老和死亡。而正常細胞分裂的週期大約是每二．四年左右一次，照此計算，人的壽命極限應爲一百二十歲左右。史上最長壽的人是法國婦女卡門，享年一百二十二歲半；最長壽的男人是日本的泉重千代，享年一百二十歲半。這和科學研究得出的結論出奇地一致。

我年久失修，曾數次到中國大陸，深入不毛，遍尋長生不老之仙藥，無功而返。如今有了幹細胞的研究，人類壽命將不受一百二十年之限制，只是我不知能否等到那一天。然而，幹細胞研究涉及使用和損毀人類胚胎的道德問題，也就是謀殺的行爲，深爲法律及宗教人士反對。這和「複製人」（human cloning，“clone”是希臘文嫩枝的意思）的考慮相同，因爲依聖經舊約「創世紀」所述，人是上帝創造的。所以「複製人」侵犯了上帝造人的權限。只是，複製的只是性狀，有完全相同基因，並不能複製本尊的經驗及記憶，所以並不是同一個人，只能算是「分身」而已。所謂上帝依自己的形象（image）造人，這裡image應是指上帝的精神及觀念，不是外形及長相。複製人是無性生殖，但不要忘記，上帝創造亞當及夏娃，他們也是無性生殖的產物。如果複製的目的是以後摘取他的器官給本尊或需要的人，那無異謀殺。甚至有一種說法：只需要複製身體爲了以後器官備用，不需要頭，那更是匪夷所思。試問，校園裡有一群無頭之人在行走，選舉時還去投票，那會是什麼世界？

一九六九年人類首度登上月球，我們不知地球之外是否有生物，或生命是否以另外一種形式存在。科學家們因而曾擔心太空艙會不會帶回無法對付、致命的細菌，滅絕人類。如今，我們也顧慮到生物科技會不會製造出不可思議的器官或生命體？如果失控，後果如何？能否收場？或，複製人和機器人的區別在哪裡？

電腦及網際網路的近期發展

讓我們來談談已大放光芒的電腦及網際網路。除了臺灣二〇一四年剛起步的4G（行動電話系統第四代，fourth-generation的縮寫），以下是幾項近期熱門話題。

一、3D列印（3D Printing）

是眼下最當紅的技術。它是將數據及原料送進3D列印機中，機器會快速把產品一層層列印出來。過去用在工業上的模具製造，如今發展到珠寶、汽車、醫療產業、廚房用品、燈罩、眼鏡……等的製造。未來像漢堡、巧克力這些食物也可製造，甚至用到太空站上，用到臉部整形美容上，用到有機物及活體的製造上。使用的材料由塑膠、木材、合成質料到鈦金屬五光十色。這種列印機目前售價昂貴，但是會像小計算機、手機、家用印表機一樣，售價迅速下降，最後走入家庭，各位拭目以待吧！然而，如果發展到什麼都能複製，是不是社會的風險及隱憂？請各位想一想——比如複製一個人體器官。

二、雲端科技（Cloud Technology）

就是將資料存放到遙遠的巨大伺服器中備用。未來雲端不只是儲存資料，還會進化到分析及建議，甚至走入家庭，比如依每個人的體質及喜好設計菜單，類似人工智慧（Artificial Intelligence, AI）的功能。雲端運算實際上只有不到十年的歷史，現在各大學的理工科系已紛紛跳上這輛巴士（我該說是航空母艦）。政府也會由雲端科技進入e-Government（電子化政府），也就是說，我們到政府辦事都得使用個人電腦自行處理。所以，如果一個老人不會用電腦，少子化，他又難找到個兒孫幫他忙，你說他該怎麼辦？

此外，智慧家庭中的監控、照明、娛樂、工作系統也將可由手機直接下達指令，各大廠商都在開發。只是互連互通的標準規範尚有待統一，這也要靠雲端運算技術及儲存系統的操作。

三、更人性化的電腦（User-Oriented）

我當年曾經過打卡，抽象的電腦語言寫我的博士論文；我也曾經歷過無圖案的個人電腦；然後是彩色圖窗及滑鼠的桌上電腦；現在是蘋果的平板……這些階段。冰冷硬體的電腦愈來愈人性化，當然也愈令人愛不釋手。蘋果電腦可說是繼伊甸園裡亞當、夏娃吃的那第一個蘋果，掉到牛頓頭上第二個蘋果之後，第三個最有名的蘋果。爲什麼？就是他們的產品人性化，所以i-Phone、i-Pad現在人手一支，其他廠商趕緊跟進。不久，個人筆電會有柔軟耐摔的外殼；能顧及用戶的性格、脾氣及生活習慣的設計，成爲用戶的伴侶；還有立體3D的視覺樂趣，當然，這牽涉到電腦計算能力及AI的配合。

在不久的未來，自動駕駛的汽車將會取代人駕駛的汽車。目前一般汽車的軟體代碼（Software

Code）遠超過F-22猛禽戰機或波音787型夢幻客機所需，那是因爲空中交通遠比地面交通稀疏之故。如果自動駕駛汽車成爲主流，車子裡人性化的電腦設置可想而知了。

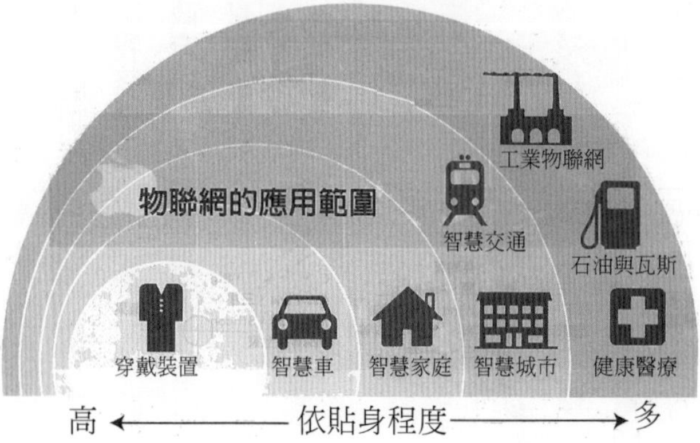

（資料來源：高盛）

四、物聯網及大數據（Internet of Things, IOT及Big Data）

物聯網就是將手機、眼鏡、手錶、機器人、醫療設備、汽車……所有物品都連上網路，且能自行溝通。二〇一五年是物聯網的起飛年。它的發展成熟後，各種物品的生產、流通、消費使用等過程都將自動識別及透明化管理。大概政府、製造業及礦業能源是最先應用物聯網的，其次是智慧家庭——在外一臺手機即可指揮家中的大小事，甚至包括煮飯、空調、電燈、拉下窗簾。因爲商機太大，著名廠商如英特爾、蘋果、三星、聯發科、宏碁都在研製。但全球標準尙未統一，各聯網間的裝置如不配合將是大問題。物聯網之後是車聯網，以高速的4G傳輸許多應用到車內，比如影音需求、防撞系統等等。大數據是把客戶的信用卡、電子郵件、消費習慣都植入晶片，讓客戶與物品互動，進一步分析客戶需求，提供服務。甚至驗血結果及過去身體資訊，也轉換爲醫療資料分析，篩選患癌的風險指數。未來的生活將更便利，但也更沒有隱私。而且商家洩密可以造成大風波，我本人就因美國Target百貨公司去年的洩密，被迫換VISA信用卡，聽說影響的顧客近一億人。但無論如何，不管你喜不喜歡，那個時代已在眼前。

另外要提到一點：網路最初有意被設計爲去中心化的「無政府主義」的科技，也就是有分散式的大腦政府或大企業都無法控制，但是極權國家是可以利用自己掌控的網路，作監控及查封網站及通訊的工作。

無論如何，手機、平板電腦都是新媒體。社群討論及快速即時訊息造就了柯文哲當選臺北市長重要因素之一——網路新勢力將取代傳統報紙、電視、廣播的一部分。

其他新科技發展

機器人、自動化、人工智慧、無人飛機……這些名詞並不相像，但代表的卻是相同的意義，就是取代「人」。此外，奈米科技及3D列印機技術可以發展出新的合成物料，對世界進步相當有貢獻。在本書印行時，可能又有科技上的新想法出現。我只能就目前所知重要的三項簡列如下，給各位參考：

一、機器人（robot）

工業用機器人主要是在工場裡搬運、焊接及組裝拆解，也是自動化的一種方式。中國大陸的需求最大，因爲工業發展快速及工資不斷上漲，所以得以機器人取代人工。機器人也有特殊用途，比如三哩島核電廠事件後，核能工業開始重視以機器人作些危險的檢視及修護工作；礦業是另一危險工作；現在機器人有取代醫護人員照顧及搬遷病患的可能。司機、教師、快遞員、軍人、無人機操作、酒吧調酒師……，未來可能有一半以上的工作實現自動化。所以，每週五天，每天八小時的工作終將成過去。跨學門結合兩種以上技術的突破將是未來主流發展，結合自然、人工智慧、人性、日常生活及消費者意願的機器人將走入家庭與社會。尤其機器人的軟體及硬體也將像有些電腦軟體一樣公開化（open-source），更將促進價格的大幅度下降，家庭及消費者也可購買。然而，機器人與眞人的界限模糊，我們能接受嗎？生物學與奈米科技、資訊科技的結合，又將帶領我們進入何種境界？

二、奈米科技（Nanotechnology）

奈米Nano是一公尺的十億分之一，希臘原文是侏儒的意思。這是一門全新的技術，一九八一年掃描隧道顯微鏡（scanning tunneling microscope）的發明是它的元年。之後有多位科學家以奈米科技得到諾貝爾獎。它的研究發展和物理、化學、生物都相關，應用可說包羅萬象，醫藥、工業、軍事、民生都有。比如在大學研發的奈米機器人nanorobot，是由DNA製造出來，進入人體可感應到癌細胞，立即釋出抗癌劑量，比化療或電療要有效得多，因爲是針對那種癌症類型下藥，而且不傷及其他好的細胞。現在我們周邊患癌症的比率那麼高，美國國家癌症中心提出了癌症奈米科技計畫，目的是在偵測、控制、治療及護理癌症方面作出研發。此外，結構材料、電子工程、燃料電池、顯示器、感測器的新進技術都與奈米科技有關。然而，奈米顆粒對生物、人體、環境會不會產生傷害，還是未知數。

三、外太空探索（Outer Space）

人類研究外太空及宇宙已有幾千年的歷史，是好奇，是科學的追求，是哲學，也是宗教。爲什麼？因爲它在那裡，就在我們頭上。一九六九年美國人登上月球，全世界在電視機前屏息注視，只有一個國家沒任何報導，那就是「文化大革命」進行如火如荼的中華人民共和國。如今，中國進化爲美國探索星際最大的對手：二〇〇七年中國飛彈摧毀了一個老舊的氣象衛星，清楚的展示他們能消滅軌道上任何他國的人造衛星或太空站；「嫦娥計畫」將在大約十年後送中國人上月球，同時由機器人建立觀測站，採樣運回地球，顯然比美國的登月要先進及複雜許多。太空探索固然是科學，但也是軍事，甚至以後發展爲美、中兩國在月球上的殖民地。繼之是探勘火星計畫，月球之旅只花三天時間，火星卻要六個月，而且可能被宇宙射線或太陽耀斑（solar flare）焚死。

如今我們能觀探到的宇宙物質及能量只有百分之五左右，其他未被觀探到的百分之九十五被稱爲「暗物質」（dark matter）及「暗能量」（dark energy），如果科學家不懈的研究有了新發現，那就不只是諾貝爾物理獎的問題了，而是本世紀對宇宙的全新瞭解，物理理論的改寫，應會超過二十世紀初相對論及量子力學的出現。

外太空其他星球上是否有生命存在？如果那個生命是以另外一種型態存在，是有機的？還是無機的？《紅樓夢》一開始時，僧人與通了靈性的無機的石頭對話數次，那塊原本該用來補天的石頭是否另一種生命的型式？如果地球上的科學進步到探測出另類的生命型態，那麼，我們人類的位階將置於何？還是，我們就到此爲止，不要再進入那個領域，那個不同的座標了？

四、神經意識探索（Consciousness）

我們對本身意識的瞭解還不如對宇宙的瞭解（天文物理），因爲大腦的結構複雜，靈性世界存在的祕密遠超過神經科學的理解。宇宙沒有開始，也沒有結束，但人的意識無所不在，如思想、情緒、精神等等。以前有宗教作主宰，意識是人們公認及熟悉的。近四百年科學興起，科學人士執著唯物觀點，堅持科學與靈性不能共存，有些人在神祕的靈性及塵世兩個世界之間游移，更是匪夷所思。基因圖譜的分析，還有其他生物科技結合電腦、奈米科技所作研究，是否會在神經科學領域作突破，讓我們更瞭解「自己」這個大神祕？不能用實驗證明的心理學及神經科學，是否因此在本世紀得到解答？如是，科學是否將更進一步超越宗教及上帝？唯物更超越唯心？

未來的經濟

馬克思學說意示經濟影響人的行爲，也影響人的思維。諾貝爾獎在一九〇一年首次頒發時有物理、化學、生理醫學、文學及和平五項。一九六九年增加經濟獎一項，可見經濟的重要。如今得此經濟獎者近百分之七十是美國人，以芝加哥大學的教授最多。而美國的經濟及股市也眞是影響全世界，打個噴嚏全世界震動。比如近年二〇〇八至二〇〇九年美國次貸危機（Subprime mortgage crisis）竟對全世界的經濟及股市都造成巨大衝擊。

全球化的經濟已然來臨，WTO、APEC、兩岸貨貿服貿……這些名詞日日見報。未來經濟市場會愈來愈全球化，跨國公司企業及個人都要考慮全球競爭力。因爲電腦化及自動化使工業生產力大增，市場進入價格戰，爭的是微小的利潤。如果閉關自守，強調本土及內銷，以政治意識型態，宗教性的主導經濟，這種鎖國是一種自殺行爲，22K會降爲14K。交通如此發達，人才也會全球化，哪裡有活力、有機會、有高報酬，人就會向彼方流動，無法阻擋。比如大陸要發展「電子書包」（這不是手機業，是平板電腦），以三倍於臺灣的薪金挖臺灣的Android軟體人才，人數無上限，深洞塡也塡不完。爲什麼？因爲大陸中小學生超過三．二億人，若再加上幼兒園小孩，整個市場估計二百四十八億冊。他們政府有一個「二〇一五年上線」的需求，所以「只要標到一個省就賺翻了！」請問「愛臺灣」的八股口號能留住多少人？這種人才要通中文，要會說國語，洋人或印度軟體人才無法勝任。尤其目前在臺灣每年所需工程師職位不到一百七十所大學畢業生的三成，對岸同文同種，挖角容易。所以我們二十年教改最大的受益者可能是大陸。

我們書本上告訴我們生產的四大要素是土地、資本、勞動、能源。二十一世紀現在又加上一個「知識」，有所謂的「知識經濟」（The Knowledge Economy）。這最顯著的表現是在資訊工程及生物工程二大新興產業，當然與學校教育及創造力有關。許多三十多歲的年輕人在這種行業裡已腰纏萬貫，因爲風險性投資（Venture Capital Investment）帶給他們公司股票上市海撈一筆。在傳統工業（如鋼鐵、石化、營造）裡一個聰明有創意的工程師可能帶給公司百分之二十或百分之三十的增產利潤，但是在高科技產業那可能是數百倍或數千倍，所以給他極大的報酬（比如股票）也就不奇怪了。擁有知識即擁有財富及權力，全球首富比爾·蓋茲（Bill Gates, 1955-）就是個典型人物。專業的社會菁英因擁有知識，成爲社會的新貴族——年輕的新貴族。

一般而言，窮國是農業國家，中等所得國家以工業製造爲主，富裕國家則由服務業主宰。科技新發明全是富國開創，但產品製造卻移往中級國家，因爲工資低廉及環保汙染安全等限制要小很多。如一九八四年美國Union Carbide公司在印度的農藥廠氰化物外洩，造成附近一萬多印度人死亡，近五十七萬人受傷。我國因地少人稠，相當著重化工廠及核電廠的安全問題。世界衛生組織

（WHO）估計全球因空氣汙染而死亡的人數達三百萬人，占總死亡人數的百分之五。

未來企業不再以「大」取勝，如大鋼鐵、大石化廠、大營建公司，而是以球員少、得分高的自動化精敏企業（Agile Enterprise）爲成功關鍵，舉例如資訊工程產品因研發快而壽命短，製造程序需高彈性，故而自動化比重高。我年輕時塑膠是新興企業，王永慶的台塑眞是風光，取代紡織。以後台塑及徐旭東的遠東紡織都調整步伐，進入資訊工業。新興工業取代夕陽工業乃屬必然，社會是無情的，請看柯達、諾基亞這些全世界第一的照相器材及手機製造公司，如今下場如何？

我們現在處於M型或沙漏型（Sand Filter）社會結構，也就是兩頭大中間小的畸形。原來的ㄇ字型因中間（中產階級）塌下來擠往富人或窮人的兩邊，所以形成M型社會。大前研一（一九四三—）指出未來百分之二十的人能脫穎而出，絕不是比別人努力好幾倍，而是比百分之八十的人更懂得投資。請你想一想大前研一的話，因爲我認爲他一語點破。對你來說，投資主要是房市及股市，請看本書第十章。

如今世界縮小了，各國經濟互相影響及依賴程度提高，跨國公司及大企業合併（或被吃下，如近年中國去買歐美的大企業）會愈來愈多。未來亞洲是個大的人口及市場經濟區，中國將（或已經）主宰二十一世紀的世界貿易。這個趨勢存在，臺灣的年輕人必須要認清楚，注意去東南亞或中國工作的可能性。

社會及人性的改變

社會及人的心態因大規模戰爭而改變。一九四五年二戰結束後雖有韓戰、越戰、伊拉克及阿富汗戰爭等，規模尚不致影響世界，只有戰爭國當地受到影響。我國是一九四八年國共內戰撤守，至今六十六年無臺灣本土戰爭，金門砲戰雷聲大而雨點小。

然而社會也受到新科技的出現而改變。X世代（Generation X）是一九六〇初期至一九八〇年代初期出生的，特徵是身心平衡，重視家庭，工作敬業（"your job is your life"）。Y世代（Generation Y或Millennial Generation，千禧世代）是一九八〇至二〇〇〇年代初期出生的，所以Y世代趕上新科技起飛。他們追求快，工作態度自我，靈活，重快樂—X世代爲工作而活，Y世代爲生活而工作。Z世代是千禧年以後出生的，他們會經過網路作更廣泛的交流，其他特色尚在未知之數。

基本上，人性的改變很少。科技一日千里，但二千五百年前《論語》、孟子或蘇格拉底（Socrates, 470 BC-399 BC）所敘述的人性與今日並無區別。社會結構也無太大改變，未來也不會有多少變化，唯一是人口結構老化。晚婚，不婚，離婚，少子比率愈來愈高，生育率二·一的人口平衡點可能被突破，世界人口進入零成長。還有一直被壓低的女性地位攀升，在國家事務中不再扮演影子角色。荷蘭及北歐國家女性議員比率接近一半（不要忘記女性人數也是一半），但阿拉伯國家女性多無投票權。

人與動物不同是直立行走，會說話，會思考，能精密操作手指（如寫字、製造鐘錶）。現代智人（Homo sapiens）大約出現在二十萬年前，至今，人類的演化已然終止。尼采（Friedrich Wilhelm Nietzsche, 1844-1900）所謂的進化爲「超人」（Übermensch或Overrman），實際上是人類行爲、思維及價值觀念的進化，不是生物外形的演變。但是現在已在研究將人的身體連結到機器人上，或將心智上傳到電腦。這種結合機器、人腦、人工智慧爲一綜合體，很可能會喪失我們的「人性」，那時人類就「過時」了。這種人機共生的新物種會不會在Z世代到來？我個人認爲應像「複製人」一樣阻止他們的「發生」。達爾文（Charles Darwin, 1809-1882）在發表進化論三年後，即著書將他的演化理論應用在人類心理及行爲上。之後社會生物學闡釋「行爲就像生物形體一樣也會演化」。如果「人機合一」，再加上基因工程對人體的改造，我們的心智將受到何種影響？我們的社會結構會不會開始起大變化？不堪想像！

人文藝術依舊笑春風

人文、藝術、音樂的未來還是以美學爲依歸。如果有新花樣如電腦音樂、網路小說、合成繪畫……但無美感或聽覺悅耳，短期就會下檔。爲什麼？因爲欣賞美是人性，「美麗新世界」並不美麗。

文學上新古典主義之後就是近代文學領域，在歷經浪漫主義、寫實主義、現代主義、存在主義等重要思潮之後，進入後現代主義。然而後現代主義僅歷時十載即壽終正寢，就是因爲大雜燴式的筆法及結構創新有餘，藝術性卻不足。而寫實主義在一八三〇年代左右登場，以反映生活的現實爲主體，中間也滲入了意識流的筆法，卻至今超過一百五十年歷久不衰。

藝術上十五至十六世紀文藝復興時達文西、米開朗基羅、拉斐爾等在繪畫及雕刻上有重大成就，以後經數百年演變到十九世紀末期的印象派，不以細緻的工筆畫爲主，而是捕捉瞬間光影變化，及光線對氣氛的影響作畫。法國印象派（French Impressionism）至今一百多年仍是世人最喜愛、銷路最廣的繪畫。然而二十世紀初受佛洛依德（Sigmund Freud, 1856-1939）影響，現代主義登場，抽象畫大爲風行。當然，畢卡索是其中最重要畫家。之後有普普藝術、照相寫實等出現，但並未持久成大藝術。我個人及內人都喜愛抽象畫，堂哥夏陽（一九三二—，「東方畫會」）及姻親莊喆（一九三四—，「五月畫會」）爲我國知名抽象畫家。我的兒子也是做設計，但供職於微軟的西雅圖總部，是這個世界最大軟體公司僱用的少數藝術家。

結論

沒有結論，不需要結論，因爲未來是開放的。

夏陽的照相寫實畫紐約街頭景

莊喆的山水抽象油畫

第十二章　青年、中年、老年、落幕

"If Winter comes, can Spring be far behind?"

——雪萊（P.B. Shelley）：「西風頌（Ode to the West Wind）」

電子及電腦日新月異，是年輕人的天下。有一種說法，把男人的能力、年齡和各種品牌連接在一起：男人二、三十歲是奔騰，四十歲是日立，五十歲是微軟，六十歲是松下，七十歲是聯想。還有一種說法：到了六十歲官大官小都一樣（反正要退休了），七十歲男人女人都一樣（反正性能力退化），八十歲有錢沒錢都一樣（有錢也沒辦法花了），九十歲活的和死的都一樣。

對於青年、中年、老年的歸類，中外各種說法不一，年代不同，歸類年齡也不同。這是因爲社會令人成熟快慢不同，人的健康及壽命也一直在改進——「人生七十古來稀」，那時七十可眞是稀啊！

畢業紀念冊贈語——青年期

我在二〇一三年應臺南國立成功大學畢業生之邀，在畢業紀念冊上題詞：

人最大的危險就是不冒險！

你們畢業後，剛進入職場及在社會上打滾那些年，你要冒險，因為人最大的危險就是不冒險。這時你年紀輕，不論在資產、名分、聲譽、地位各方面都積聚有限，又無養家、房貸等後顧之憂，真是大好機會啊！如果冒險失敗了，你能損失的有限，頂多喝一陣子西北風，你還有時間及機會鹹魚翻身。不要忘記這句老話：「失敗為成功之母。」

你要開始練習同時作幾件事，不要作完一件才開始下一件。現在的社會愈來愈複雜，許多事要同時並進，追求完美有時就是追求麻煩，追求失敗。你要追求的是里程碑，不是墓碑。

男同學臉皮要厚，你以後要作情人、作丈夫、作父親，臉皮薄怎麼行？你要對自己有信心，千萬不要謙虛，自貶身價：「進一步，海闊天空。」不要養成占小便宜、說小謊的習慣，那個格局小，不是男子漢行為。要扯就扯個漫天大謊，因為大家都不相信有人會膽大包天到扯下如此大謊——「那怎麼可能呢？」

女同學永遠要注意自己的儀表舉止——眼鏡、整牙、穿著、色彩、甚至整形都重要。為什麼?男人看女人永遠先注意外表及儀態，如說最注重內在美，那是謊言或一時糊塗。女人看男人是看魄力、經濟、相處、學問、性格，男人的外表可能排到第四、第五。

這樣的題詞刊登在保守的、傳統的、南部的、連續二十二年獲得企業界最愛大學的畢業紀念冊上是否合宜?你去想吧!反正他們登出來了。

青年時期大約是十七/十八歲到三十九歲，我國十大傑出青年的選拔標準是二十歲至三十九歲。這段時期有二十年，要唸大學或研究所、戀愛、服兵役、就職（或創業）、結婚、買房、買股票、生子—是成長，也是奮鬥、掙扎。實際上三十多歲已夠成熟，因爲尼克森（Richard Nixon, 1913-94）三十九歲當選美國副總統，歷史上亞歷山大大帝及拿破崙都是三十五歲之前即已成大業。

在無戰爭的承平時代，青年時期最重要的應是就職及婚姻。這時期你可能出國讀書或就職，出國唸研究所多是美國，出國就職多是大陸。

如果留在國內就職，比較重要的是找到適合自己的工作。所謂「適合」就是「喜歡」及「勝任」，喜歡就會心情愉快，勝任就會以後在職場上有發展。如果待遇不夠高，那要評估以下數點：

1. 這行業以後是否有發展，還是走下坡路的夕陽行業。如是夕陽，無限好也要想辦法離開，因爲你還有數十年的職場生活，收入要靠薪水。自己開業作小生意起家，更要看清楚：比如洗照片店及租電影片這兩個行業，至今何在？現在網路閱讀是趨勢，小出版社及印刷行業的前途無亮或有亮？

2. 這公司是否學到技能，以後可以跳槽。或，這公司未來有沒有希望？比如加薪或股票？這公司能不能在職進修或帶職進修？
3. 如果是有前途的行業，能不能全面學習以後跳出去自己開業—當然，你得是那種創業的人。
4. 個人有多依賴這份收入，比如祖蔭茂密或配偶有好收入，都是考慮因素。我的兒子在美國高中畢業時，SAT考試成績數理比文科要高非常多，可能他的父母是工程，姐姐是免疫醫學，有這數理基因。但他入加州大學唸歐洲歷史，畢業後又再唸一藝術學位。如今在微軟Microsoft的西雅圖總部擔任藝術工作，薪酬應該比不上軟體或網路工程師，但他工作愉快，不愁不夠多，而且微軟重視他。
5. 至於還要考慮什麼？可能是你的個人因素，比如有異性近水樓臺，比如容易混及兼差，比如……。

談到交友及婚姻，前幾年（民一〇一）內政部公布我國男子平均「初婚」年齡是三十一．九，女性是二十九．五。「初胎年齡」則比十年前增加三．二歲近三十歲。然而，最適當的生育年齡是二十五歲左右，三十二歲後受孕機會下降，三十四歲初孕則嬰兒唐氏症（Down Syndrome, John Down是十九世紀英國醫生）機率增加。晚婚是先進國家的趨勢，當然和教育程度、價值觀念、工作加重有關。我國與歐美、日本先進國家相比，初婚年齡接近。落後國家早婚，因爲他們活不了那麼長，非洲有些國家平均壽命只有三十幾歲。

也因爲教育、工作、價值觀念，離婚率及不婚同居也提高。我國的離婚率是每千人二．四對，世界第二或第三，但其中四分之一是外籍配偶，所以有些是假結婚後離婚。非外籍配偶離婚百分之九十以上是四十歲以後，因爲四十歲以前要打拼，沒時間離婚。

有研究指出三十五歲至四十歲是職場上生產力最高的階段，但另有一研究指出在許多大公司及公家機構的工作效率只達百分之三十，其他百分之七十是喝茶、走動、聊天、作白日夢、思索發呆……等等。所以，你如果是個努力有表現的年輕人，這時應儘量爭取升級加薪，奠定基礎，不要謙讓客氣，因爲是金字塔，愈上去機會愈少。理財方面因收入及存款尙不多，能做的有限。但是如果有了家，購屋及保險是你對家人的基本責任及承諾。保險以基本保障險種爲主，儲蓄及投資型的人壽險要仔細考慮，因爲保險業的功能並非儲蓄及投資，所以它們的投資績效有限。你如果夠聰明，投資理財自己來就好。

如果可能，想辦法爭取進入一個起碼的二流大學，由三、四流大學轉學入二流，多唸一年也划得來。畢業後如果在臺灣找不到理想的工作，就要爭取去大陸就業，因爲去大陸工作比美國西岸要容易得多，同文同種，又沒有時差。Chiwan（China + Taiwan）的華人經濟體已然形成，就業人口將在兩地跨域自由流動。因爲交通便利，「一週生活圈」更將形成。

大陸人口是我們的五十七倍，所以聰明能幹的人多，以前臺灣人幹部薪酬是大陸人的二倍，現在是一．〇，而且大陸生活程度也提高了許多。即使如此，如果你去大陸工作，入境隨俗，不要隨便批評發牢騷，引起大陸人及臺灣老板的反感。要多瞭解對方的一切，甚至涉獵一點中國共產黨史。以後會有陸資來臺設公司，一定會優先僱用有大陸經驗的臺灣人，不需僱大陸人來臺，大陸臺商也是一樣在僱大陸人作幹部愈來愈多。另外，因爲狐狸精多，已婚者爲了家庭和樂，最好夫妻一齊去大陸就職，否則每個月起碼回臺一次報到。

總結的說，青年人應長於發明及創見，但判斷力比不上中年人，更比不上老年人。適合進入新領域、新計畫，並不適合待在固定的崗位上。青年人有精力及熱忱去執行工作計畫，但不是商討的好對象。這些都和經驗及穩定性有關。但「少年老成」的不在此列。

戰場——中年期

「美國是兒童的樂園，中年人的戰場，老年人的墳墓！」這話你當然聽過。但不適用於臺灣，你告訴我該怎麼樣形容臺灣的人？《論語》裡孔子曰：「吾十有五而志於學，三十而立，四十而不惑，五十而知天命，六十而耳順，七十而從心所欲，不逾矩。」眞的嗎？中年由四十開始，我看許多不惑之年的中年人迷惑的站在十字路口。

世界衛生組織（WHO）定六十五歲爲老年，所以中年是四十歲到六十五歲。英美大學曾聯合對七十個國家作超大型市調，發現快樂指數與年齡相關成U字形：十幾二十歲快樂，三十歲下降，四十四歲最低，五十歲開始回升，六十歲回到二十歲高點。三、四十歲不快樂是因爲成家、房屋貸款、職場競爭、孩子進入叛逆期、夫妻磨合不夠常吵架、同儕好消息的壓力、自知年輕時夢想已無望實現，還有開始聽到生老病死等等。中年時期心理的困惑及初期生理衰退成爲「中年危機」的因素：如老花、中廣、皺紋、不舉、五十肩、謝頂、下消等現象開始出現。但也頗有一些中年人認爲「黃金時期」來臨了！這是因爲青年時有幻想，有期望，因經驗不夠而看事不明；老年時已接受塵埃落定的事實；只有中年苦樂參半，精神、體力、經驗、經濟都上了軌道，所以生命改變機率最大。一飛衝天就是這時，向下沉淪也是這時。例如我的朋友老吳被裁員後在黑人區開了第一家麥當勞，如今有幾十家，每年捐款就是百萬美金上下，華人圈是領袖之一。我另外有兩個朋友，一路名校到美國的專業博士，妻子更是人中佼佼。但九十年代美蘇冷戰結束，軍火及有關工業大量裁員，失業後就一直找不到事了！沒離婚，因爲我們那一代的臺灣人不離婚。但是每天在家裡穿著睡衣等太太下班，一等十幾年，我看心裡不會好受，太太也不會好受。

即使沒有行業不景氣，中年人也常成爲公司瘦身或企業轉型的犧牲品。公司僱用年輕人，又便宜又好用。中年被裁！家累、面子、心理、懷疑都來了。該怎麼辦？兩條路：蒐集證據、缺點、漏洞找律師打官司告公司，先混一陣子，騎驢找馬：或接受事實打包，去幹個小事打發以後的日子。也有人想不通，我在舊金山同一單位的一位美國同事被裁，他寫電子郵件給老闆：「If I go, I will take you with me.」（「如果我得走，我帶你一齊走。」）弄得人心惶惶，最後幾乎吃上官司，退休金都可能弄飛。一般說來，誰走誰不走大約是公平的。最後，我們退一萬步也要接受命運。在臺灣，也還有另一條路，就是去大陸或東南亞就職。你算算，離家沒幾個小時的航程，大概沒幾年就到退休年齡了。這是命運，我們都得接受，沒有走絕路的必要。

美國最有名的舞臺劇是「推銷員之死」（Death of a Saleman）。劇作者亞瑟・米勒（Arthur Miller, 1915-2005）曾是瑪麗蓮夢露的丈夫之一。劇中主人翁是中老年的推銷員，爲家庭拼老命。但時不我予，年輕的小老板上臺後就裁掉他。走投無路之下，竟以自殺欲將人壽保險金供大兒子去立業。這種小人物的死根本不會有人會去注意，甚至沒有人憐憫，充分的表現了資本主義社會冷酷無情的一面。

「公無渡河，公竟渡河，渡河而死，其奈公何！」（東漢樂府《箜篌引》）。這裡，我們永遠不會知道渡河對公爲何如此重要，冒生命之險也要渡。如果在公生前問他，他會冷笑一聲：「你們不懂，問也白問。」以死亡及無奈爲審美的對象，在平頣的中國文學裡並不多見。飛蛾撲火，因爲火在那兒；公竟渡河，因爲河在那裡。人到中年會有最後一博的心境，胸懷大志的人終於發現，這是他進入老年最後的機會了。不管成不成功，拋妻棄子，不惜玉碎。這種心態並不多見，但會發生。如果你是他的配偶或家人，你要怎麼做？余生也不幸，在一個承平時代，難有作爲，也會羨慕那些有大作爲的人，幾乎都在中年登峰。

自然科學的創造力在青年時期達到高峰，但人文及社會學科的創造力要在中年才進入高峰，所以諾貝爾科學獎項（物理、化學、生醫、經濟四項）的得獎者有年輕到只有二十五歲；李政道、楊振寧、丁肇中也都是三十多歲即得獎。而文學獎最年輕的得獎者是吉卜齡（Joseph Kipling, 1865-1936），四十二歲那年才得獎，寫《異鄉人》的卡謬（Albert Camus, 1913-1960）四十三歲得獎。這也說明了青年與中年在科技及人文上的差別，你要趕路，還是等待？

老年──天堂或地獄

「人是一種奔向死亡的存在！」

——海德格（Martin Heidegger，1889-1976，德國哲學家）

所以？所以老年是通往地獄的天堂？還是通往天堂的地獄？

網路上常看到一些給老年人的忠告（多配以美景及溫柔的小提琴音樂）：比如說要輕鬆淡泊，要寬容，不要靠子女，不要嘮叨，要花錢遊山玩水，要正面面對不免之一死……等等。反正都是消極、鬆懈、認命的勸告。我還要加一條，就是「不要隨地吐痰」─因爲老年人喉嚨都不太好。然而，我才不去聽這些，我要拼老命，拼到掛點爲止。我父親是作家，九十歲那年還由某大出版社出了本書。

因爲這些箴言都是老生常談，說了跟沒說都一樣。電影裡，一個年輕搶匪對追捕不懈的老警長說：「Your time is over, mine just get started!」是嗎？體力及精神反應工作是如此，腦力工作未必吧！我有時對學生說：「這些年我頭髮白了很多，但智慧沒有增加。」每個人不一樣，我是有感而發，對錯由學生去判斷。

一般說來，基因、信仰、食物、運動、婚姻五項影響到壽命。百歲人瑞在性情上常是外向、積極、年輕時就有責任心的人。此外，熱愛自己的工作也產生愉快及長壽。各位由簽到那天開始，到掛點簽出大概九十年左右。活多少才算夠本兒？八十五？九十？九十五？一百？我們來到這世界是偶然，離開這世界是必然。一個人拼命工作，沒有享受周遭美景、美人、美事，忽然drop dead。有人會說：「多划不來啊！」我卻認爲沒什麼不對，工作本身就是一種享受，一種樂趣，還有一種樂趣是學習。年輕時著重享樂，中年以後工作狂熱起來，變成workholic，老年可能更喜愛工作。

我退休以後還想開一間棺材店，造福老友。

我們無法希望每個人都活到老年，有些年輕的生命在瞬間消失，一個戰爭會取走更多的生命。

如果能活到超過了某一個年齡，比如九十歲，或身有重疾，那麼，想幹什麼就幹什麼。作爲家人，不要再阻止，讓他快樂。先慈有糖尿病，中風後，身體逐漸衰弱，腦子也不清楚，我很後悔因爲沒有這種對付老人的經驗，沒讓她索性隨心吃，頂多少活一年，快樂就好——八、九十歲了，哪差那一年呢？我們人到老年都會縮小，變矮，七十歲縮二．五公分正常，八十多縮六公分正常，九十多縮個十幾公分……，但不會縮到零——那是不可思議的。

老人不再在乎別人的想法，他們的朋友都走了，剩下的相聚也困難，下一代對老人也沒興趣，只是應付。他變成自己的朋友，變成電腦的朋友，每天重複的聽五〇年代的歌曲，想睡，想大聲唱，想哭，都可以，他已完全自由了！

終站——青鳥飛走了

有人寫過一個小故事：有條蛇把一隻青蛙逼到牆角，張開大嘴等待著，你會好奇青蛙要怎麼做？蛇要怎麼做？忽然，青蛙縱身一跳，入了蛇口……。牠決定不必打這場贏不了的戰爭了。

擁抱死亡是什麼滋味？沒有人從牆的那邊過來，所以我們不知道隔牆是什麼光景。雖然，我們不是爲了死亡而生存，我們生存是爲了享受這光彩奪目、千紅萬紫的華麗人間，但是終點還是會來臨。如果沒有宗教，你要如何面對死亡？我是無神論者，對天人合一的解釋是：我即是天，天即是我。

基督教的新約說明上帝憎恨死亡，把死亡視爲仇敵，“The last enemy that shall be destroyed is death.”（哥多林前書：15:26）。然而上帝也認可人必須要面對死亡，祂對亞當說：“for dust thou art, and unto dust shalt thou return.”「你本是塵土，仍要歸於塵土。」（創世紀：3:19）。但是“that there shall be a resurrection of the dead, both of the just and the unjust.”「靠著上帝，盼望死者，無論善惡，都要復活」（使徒行傳：24：15）。這種死後復活，或者佛教的來世之說，回教及道教的靈肉二元論，都再再說明了死亡只是肉體，並非靈魂，靈魂可脫離軀體而獨立存在。然而，有些科學家有不同想法，認爲靈魂主宰人的思想、行爲、精神、感情等，但靈魂會隨著個體的死亡消失。

世界上最強烈的愛情小說應是艾蜜莉・勃朗特（Emily Bronte, 1818-1848）的《咆哮山莊》（Wuthering Heights）。在那個超越時空、超越死亡、永恆的悲劇裡，男女主角各有婚嫁，女主角凱瑟琳不情願的死去後，愛恨交織的希斯克里夫，竟在雪夜掘開凱瑟琳的墳墓，只爲再看一次情人的面容。他不吃不喝，故意折磨自己，激動的等待死神的召喚，就是爲了和死去的凱瑟琳相會。而凱瑟琳死後變成鬼魂，在咆哮山莊和畫眉山莊的曠野裡遊蕩達二十年之久，等待著希斯克里夫。

肉體終止而意識並未終止的學說自古即存在。意識也就是俗稱的靈魂。近年美國北卡州一位醫學院名教授Robert Lanza（1956-）言稱從量子力學角度出發，有足夠證據證明人死後並未消失，死亡只是人類意識造成的幻象。人的意識在心跳、血液停止活動後仍可活動，而且可以在對等的多重宇宙（Multiple Universe）中同時進行。只是我們無法跨越到另一個時空，所以無法「看到」多重宇宙。我個人的感覺是：如果我們無法明確的界定死亡、生命及靈魂；不能接受現有的、傳統的、唯物的定義，那這個問題就是沒完沒了，成爲一個哲學上及宗教上的糾結，只是披著量子力學的科學外衣。我是單純及實事求是的人，讓複雜的你來探討這個迷惑的意念吧！

如此，我給你大略勾畫了這趟旅程。每個人境遇不同，命運不同，人生觀更是相異。你一路走來，最後走進一間空蕩蕩的大廳，光華潔亮的石地，高挑的屋頂天花板，清冷的空氣，許多迴音，許多回憶，許多歡愉，許多憤怒……於是你悽然笑了：「啊！終於……終於泫然落幕，那隻棲於園中枝頭的青鳥也已飛走了！」

第十三章　臺陸美日的牽動與糾葛

「小樓昨夜又東風，故國不堪回首月明中。」

——南唐李後主：「虞美人」

多年來與我國在文化上、經濟上、政治上及軍事上關係最密切的，就是太平洋兩岸的三大強國美國、日本及中國大陸。我們隨時在面對東亞局勢的動盪，此文於是簡單勾畫出彼此的關係，供大家參考。雖然這篇文章的時間性及新聞性要強過其他各篇，似乎非屬同一類型，但相關性一定存在，而且因爲牽涉到身家性命、個人財產及未來事業，此文可能比其他各篇還值得關注，所以列入本書。

我們和美、日兩國的關係從來也不是「我中有你，你中有我」，更不可能是「唇齒相依，唇亡齒寒」。以上三國一直是美國排前面，如今大陸已取代美國。首先，讓我們回顧檢討我國與世界第一強國美國的關係。

盟友美國？

美國一七七六年獨立時是人口三百多萬的小國，現在三億二千萬。一八九四年工業生產已進步爲世界第一。所幸二十世紀兩次世界大戰未波及美國本土，如今科技、工商企業、文化、時尚都是世界第一。中國大陸可能在十年左右追上美國，成爲世界第一經濟大國；軍事武力大概要數十年才能追上。但是我們關心的是：美國對臺灣的眞正態度如何？是否有徵象看得出來？

美國曾多方援助我國進行八年抗戰。但之後國共內戰我方失利的一九四九年，「中美關係白皮書」（The China White Paper）公布，竟言明放棄我國。不料一年後的一九五〇年韓戰爆發，裝備落伍的中國軍隊 以一國打十八國打成平手，震驚世界。從此，美軍開始駐臺，第七艦隊巡防，經濟上美援不斷進來。但當時美方在臺有治外法權（Extraterritoriality），一九五七年因雷諾軍士槍殺國人劉自然，由美方判無罪，引爆「五二四事件」，臺北美國大使館被砸毀。美方也曾希望以美國維吉尼亞軍校出身的孫立人將軍取代蔣中正總統，造成孫將軍嫡系青年軍二〇一師傳說中的「兵變」。但基本上說來，美國人多友善、開明、爽朗，贏得國人好感，鋪了紅地毯歡迎美國老大哥。也一直深深感激美方在軍事及經濟上的協助扶持。

然而，一九七九年美國決定承認中國大陸，竟在凌晨三時，將身患糖尿病的蔣經國總統由睡夢中喚醒，告以六小時後宣布與大陸建交。建交目的是以華制俄。因爲美國人造衛星觀察到俄國軍隊集結中俄邊境，如中俄開戰，中國必然不抵，將淪爲俄國附庸國，共同對敵美國。而當時美國無法出兵助中抗俄，爲什麼？因爲中國是美國的敵國，如何能以美國子弟的性命爲敵國作戰犧牲？所以要儘快建交。這段歷史主事者國務卿季辛吉（Henry Kessinger, 1923-）在他的"White House Years"一書中有說明。對一個多年鋪紅地毯的盟友，僅給予短短六小時通知，由此可見，國際道義一斑。

至今，我國人民仍然與美國保持良好關係，上次中美有規模的衝突是百年前的「扶清滅洋」壯舉。韓戰時，中國軍隊卻是令十四萬美軍傷亡，但那場戰爭是在中美境外作戰，雙方人民體會不到，無法造成深仇大恨。如今，美國拉攏臺灣，重要原因是戰略地理位置：臺灣北方及南方的日韓及菲律賓均爲美國盟友。美國儘量要保持臺灣在內的島嶼地理鏈以牽制大陸：這是簡單的地緣政治（geopolitics）技巧。

美國當政者一直重歐輕亞，因爲政界及企業界都是歐洲後裔。與美國最親近的是原來的宗主國英國，幾次大戰美國一定出兵助英。德國後裔是僅次於英國後裔的第二大族群，實際上，英、德均屬安格魯撒克遜族（Anglo-Saxon）。二戰時聯軍統帥艾森豪元帥（Dwight Eisenhower,1890-1969）帶兵攻擊德國，他是德國後裔，看名字就知道，可見歐洲移民都已融入美國。而二戰時日裔美國人家產被沒收，集體關入集中營（internment）。韓戰時，因作戰對象是中國軍隊，在美華人曾恐懼步日裔後塵被關入集中營，幸好此事並未發生。基本上美國爲正義願出兵解救歐洲，但不會發生在亞洲。韓戰與越戰美國出兵是爲了美國的利益，也就是防止共產主義的擴張，與正義無關。

日本對臺態度

日本曾在各方面追隨學習中國上千年，甚至文字也源自中國。一八六八年明治維新後放棄中國，派遣包括部長級高官的大規模「岩倉使節團」赴歐美全力學習，徹底擺脫德川幕府時期長達二百六十五年的鎖國政策。基本上，近代西歐及日本的歷史流程是：工業革命→資本主義→現代化→殖民主義→帝國主義。帝國主義是政治及經濟的強勢制度，也是一種信仰、一種理念。不只是軍人、政客、官員、傳教士、商人相信它，即使知識分子、作家、大學教授也認爲他們高人一等，遠勝亞、非、拉丁美洲殖民地的人民。一個國家現代化要六十年至一百年的時間，日本在明治維新時只不過是與泰國、緬甸相等的弱國，但不到三十七年，竟擊敗清國（一八九五年甲午戰爭）及俄國（一九〇四年日俄戰爭）兩個世界大國，躍居強國之林，現代化速度驚人。原因是日本人具集體化意識，有別於西方的個人主義及自由民主平等傾向。民主是最無效率的制度，且集體化則容易被指揮。日人置身於對天皇的效忠下，確能加速完成富國強兵的國策。

日本的「岩倉使節團」訪歐美二十一個月後，途經清國再考查各地後歸國，對清國的失望加深。當時影響日本最深的是慶應大學創辦人福澤諭吉（一八三四—一九〇一），有「日本的伏爾泰（Francois Voltaire, 1694-1778）」之稱。他在報上發表「脫亞論」，主張日本脫離落後的亞洲，謝絕與中國、朝鮮這等「惡友」交流。日本外相井上馨（一八三六—一九一五）直言：「讓我們把日本帝國變成一個歐洲式的帝國，讓我們把日本人變成歐洲式人民！」而甲午戰爭後，日本軍人以親身經歷，產生對清國人的優越感，在日本國內傳開一個腐敗、落後、無能大清帝國的印象。

一八九五年日本據臺後，對臺人展開一系列的壓迫，多次大批處決抗日臺人。基本上，日本人認為華人或臺人都是劣等民族。根據社會達爾文主義的觀點，弱勢或劣等民族被淘汰是自然法則，所以德國人也在二戰屠殺六百萬猶太人及三百五十萬俄國戰俘，也因為他們被德國人界定為劣等民族。日本駐臺第三任總督乃木希典（一八四九—一九一二）是甲午戰爭陸軍名將，他在日俄戰爭攻下旅順二〇三高地被尊為日本陸軍軍神。此位兩次在清國東北旅順立戰功的軍人入主臺灣，統治方式可想而知。臺獨聯盟主席黃照堂（一九三二—二〇一一）在《臺灣總督府》一書中言及乃木希典對臺人的鎮壓，及以販賣鴉片為主要財政收入。日人據臺五十年整，政府官吏由日人擔任，公私大企業一概由日人控制，臺北帝大及優質中學如建中只批准極少數臺灣人進入，臺人娶日女或與日女戀愛幾乎不可能，臺灣人只能作軍伕，沒資格做正規軍人，可說連二等公民都不如。日本對韓國人的歧視相同，在美國有一位日本後裔的律師，親口告訴我他來自日本的父母灌輸他歧視華人的觀念。基本上，日本是單一的大和民族，不歡迎華人或臺人移民。

日本國土最遼闊是二戰時期，擁有滿州國、臺灣、韓國，總面積為如今二倍以上。但在此三地只發展農業，重要的重工業及軍火工業還是在本土。日本彼時積極爭取東南亞的石油、橡膠、金屬等戰略物質，不得不與英、美、法、荷等國競爭，終於導致二戰中的太平洋戰爭。戰爭中臺灣男子被送往南洋多作搬運軍伕及日本軍人的佣人（即軍屬，階級順序爲軍人、軍犬、軍馬、軍屬、軍伕），短短二年竟有高達百分之十六喪命。

日本人的長處是：謙和有禮、自我克制、極度整潔、有公德心、講信用、守秩序、內斂、注重個人對團體的影響。如此，也難怪他們歧視中、臺及韓人了。謙恭有禮的日本人聚合起來，受到指導，侵略性就呈現出來。

講到臺日關係，實際上相當曖昧。主因是日本政府對中國的軟弱外交，日本人近年常認爲對華外交不夠自主強硬，尤其對臺那塊要將就中國的意氣。但是能怪日本政府嗎？李登輝君對日本的極力崇拜頌揚，能抵過中國經濟及武力強大的壓力嗎？我們要看清楚，世界強國，包括一再自誇和平的中國在內，都是爲自身的利益和安全先作著想，不可能先講國際道義。而且國際上姑息或出賣他國是很普遍的現象。比如一九三七年七七抗戰開端後，英、美爲了與日本之間的商業利益（彼時日本比中國富有太多），不願開罪日本，拒售戰機及軍火給中國。直到四年後的一九四一年珍珠港偷襲爆發，才開始將中國視爲盟友。而一九三九年希特勒進攻波蘭，開啓二戰，美國也表明中立立場，罔顧德國連續侵略西歐諸國，直到珍珠港事變後數日，才因爲德日是軸心盟國，連帶對德宣戰。

中國大陸的全球化

中華人民共和國在一九四九年建國，至今六十六年對外五場戰爭無一敗戰，但最近一次一九七九年中越之戰距今已三十六年。如今戰爭型態轉爲科技戰，中國在科技武器方面的進展僅次於美國。還有一點，實力取決於動用實力的意志。近一年來，中國頻頻在南海群島及釣魚臺列嶼磨刀霍霍，以前那種謙禮、擱置已被「實力即是王道」的決心取代。然而，海上衝突演變爲全面戰爭的可能性不大，船艦最快時速只有三十五節（時速六十五公里），還比不上小汽車。由海上登陸占領敵國更是困難。所以海洋是一種「阻止的力量」（Stopping Power）。中、日、韓及東南亞各國關注海洋中的小島，那是因爲陸地國界均已劃定清楚。

現在中國走上關注全球的戰略立場：與俄國進入全面合作的關係，北京還是帶頭的老大哥，甚至考慮拉攏中東回教第一強國伊朗加入，組成三國聯盟，以與美、日在亞洲對峙；麻六甲海峽是中國及日本的石油生命線。中國目前即將在泰國開鑿克拉地峽運河，擴建上海的洋山深水港。如此，新加坡的中運港及世界金融中心地位將被上海取代，這對未來以人民幣爲本位的世界金融應會產生正面影響。此外，中國已在中美洲的尼加拉瓜開鑿運河，貨流量將大幅超過巴拿馬運河；中國將出資興建至東南亞各地的高鐵，及跨越歐亞大陸至英法海峽的高鐵，中國正在建造航母、核子潛艇、核子飛機，中國成立亞洲投資銀行……。諸此種種，令人意識到中國勢力的全球化進行。

許多國家政治上親近歐美，但經濟上卻不得不親近中國。然而，中國的企業家或商人永遠缺乏影響國家的力量，只是一個配角，在夾縫中生存，也許有幾句臺詞，傳統價值上一直受到輕視。可能，因爲中國從未出現過像三井、三菱、通用、福特或猶太人那樣的大財閥集團，對外分公司遍布全球，對內能左右國家的政策。中國政府（包括大陸與臺灣）也不從企業界挖角，擔任政府部長級高官（如經濟、財政、交通等部長）。

然而，強大的國家必須是經濟、教育、人文、科技、價値觀、及政府的綜合體現。中國夠得上嗎？中國曾兩次亡國，一次亡於滿人的大清帝國，一次是蒙人的蒙古帝國。蒙古人曾建立人類史上橫跨歐亞最遼闊的帝國，卻因文化不足，科技無進展，之後淪爲落後民族，中國能不以爲戒嗎？十五世紀鄭和下西洋時，中國尚是全世界最強盛、最先進的國家；直到十八世紀，中國的國民所得還與英國不相上下。然而閉門鎖國令大清帝國江河日下。所幸，如今中國啓動現代化，不像西方的現代化曾有基督教的宗教阻礙多年，而且中國的步伐相當快速，例如計畫在二十年內將近三億人口由落後的鄉村移入現代的城鎭——這種大規模的人口移動也只有中國做得到。

回來說到今天，中國近二十年來歷任國家主席及總理江澤民、胡錦濤、李鵬、朱鎔基、溫家寶、李克強，一概有子女選擇留學美國，這代表了什麼？美國希望影響中國，改變爲資本主義及民主的國家。因爲民主國家都是自由、溫和、協商的，不會隨便開戰。近二百年來，似乎沒有民主國家全面攻打民主國家。美國要儘量在文化、習俗及思維上影響中國，而不是以中國爲敵。美國在亞洲與日本結盟，還不如與中國結盟更安全，否則日益強大的中國可能會殲滅美國在亞太的勢力，那就是失算了。

近二百年來，從開始與西方接觸，中國一直都是全球化被動的一方。然而近年中國成為世界上留學生最多的國家，目前留美生高達二十八萬名（臺灣是二萬一千），百分之四十二唸理工，百分之二十八唸管理及商業科系；二〇一三年中國出境旅遊也達到一億人。為什麼由鎖國轉變成開放，要冒這個險？高層的動機是從哪裡來的？那就是近二十年中國的領導人都是在北京的大學接受過西方式的教育，不再是國共內戰時的解放軍戰鬥英雄。還有一個重要因素的推動：那就是中國的現代化及工業化。

照理說，中國對美國應該友善，儘量締造結盟的關係，因為美國沒有侵略中國的野心。美國是世界上唯一能吸納各國菁英的國家，有鑑於英文是世界語，而且美國又是世界唯一由移民組成的大國，是種族的大熔爐。中美對抗對中國極為不利。至於如何取捨臺灣、美國與中國三者之間錯綜複雜、千絲萬縷的關係，那就要看中國人的智慧了。

更重要的，中國是超級大國，泱泱大國心胸開廣，要對臺灣友善及容忍，有鑑於血統與文化相同，大陸當發揮「以大事小」的仁者之風，因為以大事小，保天下也（孟子．梁惠王下）。中國要回想到臺商在改革開放時期大量設廠及引進新技術、新管理觀念、新資金——那時臺灣是閉塞的中國與西方先進國家重要的媒介。

臺灣的迷惘

臺灣與大陸均以漢文化及漢血統爲主流，大陸曾是中華民國的國土，但是失掉了。這裡所謂迷惘是臺灣的迷惘？還是大陸的迷惘？

一八九五年臺灣被割讓給日本，成爲「亞細亞孤兒」。臺灣人在光復時曾以鮮花、熱淚、掌聲歡迎國軍登岸，彼時槍桿子全在外省人手裡，不久就來個沒有必要的二二八鎮壓。如今臺灣人已取得政治、經濟、情治、社會、軍隊的主控權，又居百分之八十五的多數，但並沒有一個外省人遭到報復，一個也沒殺，甚至連耳光都沒挨一個，可見臺灣人是溫和而理性的人民。有一位臺籍教授對我說：「臺灣人從來沒有對不起中國過。」這句話令我深思，至今不忘。

今天的臺灣人有禮貌，守秩序，講情義，樂於助人，贏得大陸人普遍的讚許，也被認爲是世界上最友善的華人群體，今年還當選全世界第二安全的國家（丹麥第一）。

然而臺灣人目前還是「亞細亞孤兒」——世界第二強的中國若與臺灣合併，眞正對臺態度如何，無法預測。大陸現已逐漸取代美國成爲與臺灣關係最深的國家。這是由中南部製造業爲主的臺商開始，目前臺灣有近十分之一人口（二百萬）居住大陸，都是白領階級。我國出口貿易百分之四十去大陸，去美國只百分之十；進口也是大陸第一（百分之十六點五），美國第五（百分之六點八）。而且現在每年有三百萬大陸人來臺觀光旅遊，是日本觀光客的一倍。再下去臺商與大陸的關係逐漸會被兩岸政府（不論藍綠）取代。大陸再繼續強大，見風轉舵的政客都會浮上檯面，有些以往言行過激的會儘量想辦法改變。

中美建交公報言明臺灣是中國的一部分，世界上有百分之九十五的國家都承認如此。然而兩岸隔離太久，如今多數臺灣居民中國意識淡泊，認爲自己是臺灣人，這怪不了誰。固然，孫中山、蔣中正、毛澤東、周恩來都有說過臺灣（及朝鮮）應該獨立這種話。但此一時也，彼一時也，彼時日本太強大，中國太弱，所以有這種煽動臺人及韓人獨立抗日的言論。實際上，臺語是中國的閩南語，姓氏與中國相同，切掉這條中國尾巴還眞不容易呢！

臺灣本土化（「B型臺獨」）意識形成原因可歸納如下：

1. 地理上與大陸隔離，形成獨立領域的心態。以往交通困難，如今機程一小時，戰鬥機僅十分鐘。
2. 歷史上臺灣近四百年歷經荷蘭、清國及日本統治，甲午戰敗割讓給日本，臺灣人（漢人）有被母國遺棄的感覺，回歸祖國後又有「二二八」事件發生，如此不如爭取自己建國——建爲一個東方的瑞士。在這一點上，中國一定要瞭解臺灣人做「亞細亞孤兒」的苦楚。
3. 中國建國後三反五反、土改、大饑荒、文革、六四天安門事件……等等，令臺人對中國治理方式心寒。同時以往的中國太窮、太落後，人免不了有不願與「窮親戚」劃等號的心態。
4. 在大陸的臺商賺了不少錢，這些利益在臺灣的人看不到。臺灣人知道的是大陸人的吐痰、插隊、喧嘩等生活惡習，及人與人之間重利害、不講情義。所以大陸的政府及人民要以相當的改變來說服臺人。單單用強勢軍力或經濟制裁迫使臺人就範，絕非對待「骨肉同胞」的合理方式——以德服人與以力服人的差別相當大。因爲大陸強大，臺灣小，所以兩岸問題癥結的解決在大陸，不在臺灣。

臺灣與大陸的最後關係不外：

1. 武力統一：一九四九年之前，國共內戰是全方位武力相見，自此近七十年相安無事，主要原因當然是臺灣海峽的隔離及美軍協防。如果現在再以軍事達成統一，那是走回頭路，中、臺雙方都不願見。我在美國多年，也常去歐洲，深知歐美人是不會眞心幫臺灣的。因爲臺灣和他們本來就不是同林鳥，大難臨頭誰要和誰同飛？日本則軍力、國力均遠遜於中國，自顧都不暇。
2. 發展爲英美關係：美國一七七六年獨立，約四十年後的一八一四年，英國居然還派軍攻打美南的路易斯安那州（The Battle of New Orleans），意圖奪回，不成。但此後英、美兩國成爲親密聯盟，現在英國已在美國勢力範圍之內。臺灣與大陸是否會發展爲英美關係，無法預測。全世界所有國家都在美、中、俄三大勢力範圍之內，無一倖免。甚至頭號中立國瑞士，也在美國勢力範圍之內。中華人民共和國從未擁有過臺灣，所以也不一定要兼併臺灣。歷史上中國對鄰近小國不侵略，只要每年朝貢天朝，即對該鄰國武力保護，甚至困難時實施經濟援助。不像歐洲及日本是儘量壓迫及搜括殖民地。但是中國不可能容忍臺灣與其他強國結合對抗或威脅中國。我曾問大陸一般民眾，這種臺灣獨立後與中國結盟的可能性。回答均是看不出這種可能，甚至近日有說法要在這一代解決臺灣問題，訴諸武力是一種選擇。我問爲何不用經濟方法，回答竟是武力奏效快。

3. 水到渠成的合併：人是勢利眼及健忘的，隨著中國的富強，那種中國意識又會逐漸回來。但要瞭解，現在臺灣江河日下，喪失大批籌碼，統一談條件是否對我方不利。人都想進入好家庭，菲律賓人、墨西哥人都曾希望變成美國的一個州，但是美國不願意要這些賠錢貨。我卻不明白爲什麼加拿大不加入美國？兩國人連口音都一樣，連「下港腔」都沒有。

4. 另一種說法是建立類似俄羅斯的邦聯國體。實質上，這和統一大同小異，還是由母雞帶小雞；或說，蛋黃還是主體，蛋白是外圍。

5. 臺灣獨立：在大陸國勢弱、混亂、無暇自顧、列強包圍的年代，臺灣宣布獨立，最後也可能達成「生米煮成熟飯」的結局。但是現在面對世界第二強國，這種想法已成泡影。獨立沒什麼不可以，講德語的日耳曼民族就分爲德意志、奧地利、瑞士及列支敦士登四個國家。只是，中國大陸不會容忍臺灣獨立，會造成被攻擊的危險。所以任何一黨執政都不敢碰，惹不起。歐美列強對俄國侵略烏克蘭都束手無策，只能虛張聲勢的經濟制裁——那還都是歐洲人。中國人之間的問題，他們更不會去管了。

因爲近七十年的偏安局面，臺灣的人民忽略了戰爭的可怕，也誤判出了事總有人撐腰——那就是美國。基本上，依靠其他國家不切實際，最後被放棄，甚至被出賣的機會很大。小國要在超級強國之間周旋迂迴，備極辛苦，有時受了委屈也只好忍一忍。有些人說一定要與中國對抗，這就像多年來受了老美不少氣，總不能說氣起來就要出兵打美國吧！對中國霸權也不能任意挑釁，就像是說要出兵打美國一樣。

我們應該瞭解，有些在後慫恿年輕人向大陸挑釁或侮辱的人，實際上多有美國或日本居留權或公民權，國外有存款房產，或已被外國情治單位徵募，一有衝突他們可以出國，或受他國保護，你有這種護身符嗎？要往哪裡跑？想想看吧！千萬不要做他們的馬前卒。此外，即使推行本土化，也不必否認中華文化的傳統，以及藐視中華文化的優越性，那樣做妄自菲薄，自取其辱。美國人就以繼承英國文化爲榮，沒落的大英帝國如今還要靠美國保護呢！

臺灣最大的問題是國家認同的分歧，形成民衆對立，消耗大量的能量。如此重大，關係國本及身家性命安全的事都勢同對立，又如何能抵禦外侮呢？如果我們向大陸表示善意，對岸不領情，硬要以力服人，那該怎麼辦？那就是我們的命運，因爲我們已仁至義盡，夫復何言？但是，中國會這樣做嗎？這是中國人的傳統智慧嗎？

天下大勢

柯文哲市長說臺灣人缺乏歷史感，不知要向何處行，一改朝換代就得改弦易轍求生存。的確，對小國來說，形勢比人強，許多事不得已，不在掌握之中。但，不管海峽兩岸是否統一，都會彼此借鏡，因爲是相同的民族及文化，溝通容易，學習也容易。不管我們與美、日兩國曾多麼水乳交融，日後一定起變化。《三國演義》的第一句是：「話說天下大勢，分久必合，合久必分。」最後一句是：「鼎足三分已成夢，後人憑弔空牢騷。」

第十四章　愛情的靈藥——大學生選修或必修

「蓬萊此去無多路，青鳥殷勤為探看。」

——李商隱：「無題」

「課業、金錢、社團、愛情」是大學生活的四大學分。課業威脅不只落在成績不好的學生，成績好者更要爭前；金錢？窮學生受金錢威脅，闊學生也覺得永遠花得不夠爽，因爲年輕人有慾望、有虛榮心，要花錢；社團活動五花八門，有些生性外向的大學生像抽鴉片一樣沉迷其中，不能自拔，謹建議選擇參加一、兩個就夠了，要學習控制自己。爲什麼？你想一想。

先聲明，本文及書中凡同時涉及兩性一概用「你」這中性字，不用「妳」。還有這本書可能閱讀者是家長、教師、公司主管、官員，比大學生還多。上一代的傳統保守觀念，不論對錯，已過時了。

現在我們來談談愛情、交友及婚姻吧——這是絕大多數年輕人最重視、最渴望、最苦惱、最惶恐、最迷失的一個學分。修不好，身心俱疲，甚至可以滅頂。那不只是年輕大學學子，歷史上的英雄拿破崙爲約瑟芬失魂落魄；楚霸王項羽垓下之圍爲愛妾虞姬唱出「虞兮虞兮奈若何」，然後烏江自刎；特洛伊木馬屠城之戰竟是爲了美女海倫而大動干戈；「長恨歌」也是爲了那段生死纏綿之戀寫成不朽長詩，最後：「天長地久有時盡，此恨綿綿無絕期。」

長篇小說最大的兩個主題就是戰爭與愛情。千萬人生死的戰爭竟與兩人之間的愛情劃上等號，所以本書就以愛情爲壓軸之篇了！在保守傳統的亞洲國家，相當多的大學生在校時並沒有過愛情經驗。但是不管有錢沒錢，有大志或無大志，有時間或無時間，同性戀、異性戀或雙性戀，愛情經常在你腦海中，在你的期待中——因爲這就是人性。愛情可以四面楚歌，轟轟烈烈；也可以小橋流水，平平淡淡。

什麼是愛情？

有些人竟用星座或塔羅牌來界定愛情，那是遊戲、迷信，或荒唐。

簡單的說一句，愛情是一種感覺，一種沉迷，見面臉紅、心跳、說話不順、眨眼……於是愛情發生了。極大多數愛情發生時是被對方的儀容及舉止所吸引，少由內在所誘導。至於儀容舉止如何評分，固然有多數人一般認可的標準，但我看主觀的成分也不小——也就是因人而異。我們一直認爲鵝蛋瓜子臉型最美，但有位老兄告訴我方型國字臉最吸引他。最後他眞的娶了個國字臉，外號「大臉」的女同學，而且這幾百年下來，大臉嫂進入中年發福後，臉更大，更扁，更方，像是被印刷廠的滾紙機碾過一樣。但是兩人眞是很恩愛，絕對入選臺北十大夫妻。

基本上，愛情分生理及心理二層面。肉體的接觸程度如牽手、接吻或性交是愛情行爲的指標，是生理上的需要，也是兩情相悅後的進展。心理上愛情包括了給予對方的關懷、承諾、認同及依附。當然也有占有感，總不能與人共享吧！百年前的三妻四妾或洪荒遠古母系社會的一妻多夫，今天已行不通，犯了重婚罪，違反「新婚姻法」。一般說來，男女交往彼此喜歡，或進入愛情，其實就是程度之分。友情與愛情則可以相差很多，我自己就有些女性友人，交往多年，談得來，也彼此相互關懷，但不可能產生愛情。爲什麼？因爲沒有那種感覺，以前沒有，現在沒有，以後也不可能有。所謂「男女交往久了，一定產生愛情」，我不相信。但是戀情在分手消失後，轉成友伴之情，卻大有可能。朋友大龍對我們說：「當年她把我甩了，讓我痛苦了許多年。如今她丈夫已走，她也變成扁平的歐巴桑，而我卻功成名就，愈老愈帥（這個，我們朋友們都不認爲如此），我反而常去幫忙她。」

愛情是強烈的感情，其中有痛苦、狂喜、絢麗、焦慮、嫉妒、等待、衝突……。由這些形容詞，可看出樂少苦多。有一首動人心弦的法國歌曲 Plaisir D'amour（愛的喜悅），歌詞一開始就是：「愛情的喜悅是短暫的，它的痛苦卻縈繞終生……」如果，有那麼多痛苦與折磨，大家還是飛蛾撲火，享受短暫的喜悅，那種強烈的感受，就必然值得飛進去！

大學生的愛情是選修？必修？

在中國大陸或臺灣，高中生談戀愛的不多。因爲許多家長及校方反對，尤其是針對女生；許多高中是男女分校；許多高中生自知得要拼命，進入公認的人生正式學習的最後一站，就是大學。所以高中時憧憬愛情但錯過戀愛的，一入大學，就摩拳擦掌，準備大顯身手，轟轟烈烈的來一場。這時多數父母也希望子女開始交朋友，如果一直無動靜，父母就開始緊張，以爲是那個，是那個的也常不敢公開出櫃。在歐美國家，大學生幾乎急急忙忙的要交朋友，女生到了大畢還是處女的是極少數。同性戀在校園公開活動——但不是大肆活動，因爲沒有那個必要。

大學生的戀愛，與畢業後年輕人的戀愛相當不同。職場上或研究生的戀愛常有婚姻或同居的考量，大學生的戀愛則大都想不到長相廝守這回事。因爲平均要到三十歲左右才成婚，離得還遠，眼前還有求職、鈔票、留學這些煩人的事。那麼爲什麼要交友及戀愛？原因不外：年齡到了（所以理所當然），沒有愛情人生不完美，虛榮心，心情調劑或作樂，爲未來成婚那場戀愛（不一定是這一次）作暖身及鍛鍊。其他奇奇怪怪的原因我想不到，或想得到，也不必說了。

談戀愛需要緣分，如果目的性太強，常會傷到自己或對方。當然，情場上許多事不可預料，也難以控制（或管制）。談戀愛是選修學分，不是必修。順其自然，邂逅那人就是遇見了，否則呢？否則就是沒遇到。沒有必要大學時一定要交到一個心滿意足的對象。尤其，進入愛情的心理準備相當重要，為什麼？因為彼此都不成熟，衝突難免。現實生活中的配對常不完美，即使彼此條件旗鼓相當，個性及喜好卻可能南轅北轍，於是大學的「絕配」走上禮堂的相當少，大都在校時就不愉快的分手。也因多見如此，抱著「死生契闊，與子成說，執子之手，與子偕老」（詩經．邶風．擊鼓篇）想法的大學生相當少。在將進入戀愛時，你要理性的考慮是否與對方在各方面相合及相配，這包括雙方的外在條件、觀念、興趣、甚至家庭背景。當然，即使不合也可能以後發展、相磨，接納、容忍、改善為相容。

舉例來說，我曾問有強烈政治主張或篤信宗教的人，如果遇上不同政治信仰或不同宗教信仰的對象要怎麼辦？回答幾乎都是愛情為先。換言之，那個宗教或政治信仰比不上愛情。實際上，我也看到相反的人結合，後來過得都還不錯，可見宗教或政治也可以妥協或適應。只是，如果一開始就立場相異，可能邁不進第一步的交往，因為沒有機會，或者有顧忌，所以淺交即止。

現在大家對大學生男女同居的看法比較開放，但是鄉村及小鎮還是比大城市來得要保守。像美國女大生一定要在畢業前獻出處女身分，以證明長成，那是風氣，我們似乎沒有必要跟隨。這些觀念都會因時演變，比如我國唐朝時女子貞操觀念淡薄，後朝才又有貞節牌坊之立。當然，這裡我不是建議每所大學都在圖書館前立一座貞節牌坊，把畢業前能守住貞操的女生名字都刻上去——那將是校園一景，能吸引大批觀光客。

有許多農村來的大學生，背負著全村唯一大學生的使命，要躍龍門以光宗耀祖；同時也因經濟因素產生自卑感，認爲自己不配談戀愛，甚至認爲自己是屌絲或魯蛇（Loser）。這現象在臺灣的大學裡不存在。這種自卑感完全沒有必要，因爲英雄不論出身低。中外的習慣是男學生要負擔所有的花費，如果男學生經濟狀況不好，女學生大可幫助他，因爲他是有前途的青年，否則妳可能失掉他。

此外，我要提到，以戀愛作爲調劑或作樂並無不可，因爲我們本來就需要這些，追求快樂是人的權利，又何況兩情相悅就是雙贏。只是要顧及人言可畏，唸大學時有個女生換人頻繁，贏得「女生第三宿舍查泰萊夫人」的雅號。因被界定爲非良家婦女，以後有意追求者望而怯步。人不能不顧及名譽，尤其是女生。男生就不一定，常言「男人不壞，女人不愛」，如此說不公平吧？沒錯，本來男女之間就不公平。

許多大學生希望有愛情，卻又得不到愛情。對男學生來說，那只有厚著臉皮去找，處處碰壁處處碰（害羞的男生另當別論），皮也愈碰愈厚，總不會那麼倒霉，什麼也碰不上吧！但是女生的確有許多不方便，如果喜歡一個男生，不方便主動去追，只能暗示，對方領會不到就沒辦法了，總不能像男生一樣大膽下手、碰壁吧！我是男人，不知道該怎麼辦，妳要自己想辦法。

還有如果雙方條件懸殊，你要警惕是否對方只是玩玩，還是對方剛失戀，寂寞，想排遣一下，你就是備胎上場，下一站就換上正車胎。這種事是N次方程式，無解，只能認命。我曾認識一個外校學生，本身條件不太好，做過女同學備胎數次，也甘之如飴。爲什麼？因爲他最大的長處就是有自知之明，對他來說，能做備胎就不錯了，這些女生都是天上掉下來的禮物。

雙方重視對方什麼？

臺灣及大陸都有許多有關交友、戀愛及婚姻的問卷調查統計，正確度不可考，因爲答卷者的態度及答卷的時宜不同。但看過這麼多問卷，可以將大學男女生對交友選擇條件歸納如下：大陸和臺灣差不多，甚至上英文網站，發現洋人的觀點也接近，可見在這方面，有文化的國家都一樣。

女生重視的是男生的上進心、誠實、強度、領袖氣派、幽默、作事有目標、有吸引力、能尊重及照顧她——這些都是典型的男子漢特色。我倒好奇男生的儀表相貌並沒有被列到前面，也就是說，女生固然喜歡多看兩眼英俊高大的男生，誇他兩句，但不認爲那是擇偶重要的條件。其實自洞穴時代開始，女子就要選擇很強的男人，不是好看的男人。另外，男子的經濟狀況未被列在前面，那是因爲大學女生年輕，還未想到婚姻。到了適婚年齡，男子的經濟狀況一定會成爲擇偶重要條件之一。

男生看女生還是以外在的儀表爲重。也就是相貌和身材，以及她的舉止氣質是否優雅、有女人味。此外，男生希望女生誇讚他，能欣賞他的誇大吹噓，也希望有共同的興趣及話題。至於她的治家能力及處事能力並不重要，因爲大學時代主要是唸書，沒什麼家可治，也沒什麼事要處理。有時，女生吸引男生的地方就是她的軟弱、無助、楚楚動人，如此給了他英雄救美的機會，那是多麼風光啊！

一般說來，男人愈男性化（masculine），女人愈女性化（feminine），就愈能吸引對方。這是大原則。

愛情是靈藥？毒藥？

愛情是一種快樂，也是一種痛苦。人生是一連串的偶然與無奈，愛情是單行道，不能回頭；占有的成分遠高於犧牲及容忍。我以前喜歡美國流行歌曲，有統計指出百分之六十以上歌詞與失戀有關。董尼采第（Donizetti, 1797-1848，義大利作曲家）在「愛情的靈藥」一劇中著名的詠嘆調「一滴情淚」唱出服下靈藥能令對方愛上你。屬眞？是假？何從判斷

年紀愈輕，愛情愈熾烈。開始交往時相敬如賓，一進入戀愛，吵架就來了。而且以悲劇終場的愛情不在少數。請問，你知道有多少人與初戀情人結婚？

女孩比男孩要敏感得多，年輕的男孩常注意不到這些，造成破裂。男孩一般說來占有慾相當強，而且表現在外，也喜歡誇大吹噓自己的長處，這是天性，女孩可以順應誇他，滿足他的虛榮心。我知道有個沒受什麼教育賣瓷水杯的婦人對她二十歲的女兒說：「對男人就要像對小孩一樣。」這句話學問可大了！其實女人占有慾比男人還強，只是不便表現出來。

如果愛情變成毒藥，對方要分手，那再努力也沒用。爲什麼？因爲愛情是一種感覺，不是理性的衡量，感覺沒有了，或感覺給了另外一個人，還能挽回什麼？不如另找出路，絕不值得做出不理性行爲，傷人或傷己，甚至以生命要脅。失戀對雙方打擊是同樣的，解決失戀最好的方法就是交另一個朋友取代他；另一方法就是忘記，忘記戀愛時的快樂、痛苦、失落。

愛情的下一步常是婚姻。那麼……

婚姻是天堂？地獄？

都不是！你當然聽過婚姻像攻城，城裡的人想突圍，城外的人想打進去。實際上，突圍和攻城都是幻象，稍瞬即失。一個成功的婚姻最重要的是條件的配合，不一定是愛情的結果。愛情的新鮮感能維持良久嗎？婚姻是一輩子的事，還關聯到親友、事業、財產、名聲、宗教、甚至政治圈子，你說能不考慮雙方條件的配合嗎？冒然爲愛情成婚，以後再後悔就麻煩了。爲什麼？因爲我們不是爲了離婚而結婚。現在可以試婚，也可以男女財產分開，所以婚姻應該比以往更有理智的衡量。然而，幾十年婚姻下來，雙方的條件可以起大變化：變醜了，變得遠超出配偶的能力，變得更有地位，收入更多，……。這不是只有男方，我看到女方後來遠遠超越男方的比比皆是。幸好年齡是女人的敵人，發發牢騷算了。否則每天下班回家，看到那個面目可憎、禿頭、穿著睡衣的老公該怎麼辦？

至於婚外情，如今社會開放，那已不再是男子的特權專利。如何預防或阻止？還是依市場機制不聞不問？結婚後如果每家購置一架家用測謊器（Lie Detector）是否有效？機場附近爲方便有二奶村公寓，是否該由都計局與建商協同阻止此類規劃……？我看這些顧忌實際上沒有解決之道，也只能順應社會習俗發展。信教的人常用「沉淪」這兩個字。但是，是沉淪還是人性？

因爲女人比男人多活六、七歲，又通常比丈夫小二、三歲，所以老年時寡居近十年，怎麼辦？讓我告訴你。男人進入中年就變成寂寞的人，有飲酒作樂、賭牌、講黃色笑話的朋友，但沒有分享心中話、痛苦、憂心、顧慮的友人，你的父親就是如此。女人完全不同，一直到極老都還有閨中密友分享心中的私密。女人彼此講小話、嫉妒、挑剔，但是她們之間的友情比男人要親密得多。所以老年女子喪偶後，可能與與姐妹或要好單身女友同住；男子喪偶則很快再婚，鮮有與兄弟同居。當然，老年女子難找對象也是事實。老男人只要口袋夠深，還是有人要。由此觀之，婚姻是天堂或地獄應是你當初的眼光及判斷，也是夫妻倆的磨合及命運。

換個話題，如今網路交友成婚的現象愈來愈普遍。美國網路交友有三分之一步上禮堂。我想臺灣也會走上這條路。是好是壞，我無意見——但願人長久，千里共嬋娟。

同性之戀

最後講講同性戀。因爲現在人們對他們愈來愈容忍，他們氣勢也愈來愈盛。我年輕時嘲笑他們，現在不會。我認識三個同性戀者是臺灣極著名的作家、舞蹈家、藝術評論家，與他們來往很自在，因爲他們有女性溫柔的一面，沒有同性的威脅性敵意。他們因賀爾蒙、基因、或遺傳而與我們異性戀者不同，並非刻意選擇同性戀。我因教授歐洲文學，必須要多讀聖經。看到舊約羅馬書及利未紀中上帝要消滅同性戀者，很不以爲然。性取向不可能改變，所以家人對同性戀子女要瞭解、接受、協助，強迫導向沒用——他們已經受過許多痛苦了。但是，軍官、教師及神職人員的同性戀傾向必須要被注意及約束，因爲他們的行業講求服從，權力可能被濫用。尤其是軍隊，如此可能嚴重影響部隊作戰能力，甚至導致不必要的傷亡。至於同性戀伴侶領養子女是否恰當，子女會不會被歧視，會不會缺乏傳統父母之愛與教誨，會不會在性取向上受到影響，不是這本書探討的範圍。

結語

「春蠶到死絲方盡，蠟炬成灰淚始乾。」愛情令人憧憬、歌唱，也令人迷茫、喜悅、心碎。英雄、美人都難過情關，凡人豈又奈何？因爲愛情的感性，合理分析或解釋純屬徒然。即使大學四年無情無愛度過，相思之念也常縈繞。愛情來了，愛情又走了，秋天來了，秋天又走了，那種滿園蕭瑟，輕柔壓抑的情緒，對大數人來說，並非陌生。

若說有所結論，不如無所結論。

輯二

與大學時代有關的散文

（以下三篇是已發表與過去大學生活有關之散文，轉載於此，以紀念那個一去不返的年代）

第十五章 我與橄欖球

我在大學開的課有一門是「散文及小說寫作」，自己卻少寫散文，現在要寫幾篇，就以臺南成大為背景，寫我最熟悉的橄欖球運動。

成大四年可以說是不愉快的四年，只有任橄欖球校隊主將帶給我快樂及回憶。不愉快的原因有二，第一是對工學院的課程沒興趣，但是畢業於建中，當年同學間無形的壓力只能考理工醫。第二是那時成大剛脫胎於臺南工學院不到十年，所以男女生比例為十六比一。我成績極不好，又去追一個北一女保送來、一路第一名、微積分創當時全校有史以來最高分的女生，是男生指定的「十要」榜首（當然也有「十不要」）。所以在過江之鯽中，想要躍龍門那種艱辛可想而知，比打橄欖球還辛苦。以後這個女生在美國留學時還是嫁給我，只是她對我當年打橄欖球的英勇與艱辛毫無讚揚，毫無感覺。

橄欖球在臺灣或中國大陸均極不普遍。絕大多數中國人不知道球則，只認為是一項野蠻的運動，互相推撞，屬海明威筆下鬥牛、獵獅、深海釣大魚、戰爭……等同格的男性化剛強競爭。老子戒剛強，有「物壯則老。是謂不道，不道早亡。」又有「善者，果而已，不敢以取強，果而勿矜，果而勿伐；果而勿驕，果而不得已，果而勿強之語。」實際上橄欖球不完全靠蠻橫：閃躲的技巧、整體的作戰策略更為重要。我記得建中高班蔡姓學長不過一百六十五公分、五十五公斤，似乎高二就打到國家代表隊。他在人群裡鑽來鑽去，摺倒他可是不容易。以後他在日本及美國行醫，我想該是位頭腦冷靜的好醫生。

橄欖球因有劇烈身體接觸，摺倒、推撞、亂集團爭奪……等動作，所以是除拳擊外，最容易受傷的運動，然而我從未看到因對方攻擊而發脾氣或是互相毆鬥，因為橄欖球員注重榮譽，正面衝突，不躲避，不搞小動作，絕對尊重對手，自我控制，否則就不配擁有打橄欖球的資格。橄欖球運動源自英國，是一項「紳士們所進行的野蠻運動」。一旦決定兩隊的比賽時間、地點後，不論下大雨、刮大風、下子彈，都一定照常舉行。在我唸高中、大學時代，球場規則是就算受傷退下去，也不能替換、由剩下隊友繼續作戰，直到下半場才准補人。所以不可以因為一點小傷就退場，這樣會對己方不利，對對方而言也是不敬的行為。這個運動注重團體作戰，沒有個人英雄，鮮有明星球員出現。

一九三〇年（民十九年）日本西部橄欖球協會成立臺灣支部，正式引進此運動。一九四一年全日本高校橄欖球大賽，建中前身臺北一中擊敗福崗高校獲全日冠軍。臺北一中球員全為日本人子弟，我們臺灣人是沒資格入一中的（後來放寬，每年限收五名）。光復後建中隊在中學聯賽曾蟬連第一屆至第十九屆全省冠軍，如果第二十屆再得冠軍，則銀杯永遠保存。但是第二十屆敗給實力堅強的臺南市長榮中學，全體建中隊員及教練剃了光頭向建中及校友謝罪。因為連得十九屆冠軍，所以各大學球隊在召募球員時常以建中畢業生為對象，不管是否曾為建中校隊。也因其他各中學強隊清一色不是學術性高中——像附中、臺南一中、臺中一中、新竹中學、高雄中學……等彼時均無橄欖球隊，現在可能還是沒有。而那時大學少，錄取率非常低，非學術高中的橄欖球校隊不太可能考上大學。黃春明曾是羅東中學的橄欖球校隊隊員，我請他來大學演講，他沒講小說寫作，卻大談當年羅中如何想擊敗建中隊——全省均以擊敗建中為目標。

橄欖球因由日本傳入臺灣。所以所有術語均以大和英語發音，比如橄欖球Rugby唸成「喇孤畢」，摺人搶球Tackle唸成「塔枯陸」，前鋒第一排First唸成「法斯豆」；最妙的是犯規Penalty唸成「披鴨立地」，踢罰球Try唸成「土賴」。因為中國那時無此運動，所以早年外省人不打橄欖球，各校隊球員都是臺灣人。最先球隊用日語發音，後來改成臺語發音。我是校隊中極少數的外省人，其實是「半山」，因為先慈是臺灣人。我的觀察是橄欖球員大多比較土氣、粗獷、直率、憨厚，沒有籃球員或足球員的摩登和帥氣。訓練比其他球員要艱苦許多，否則如何忍受得了那種衝撞？球員另一主要鍛鍊是速度及耐力，因為不到上半場結束不得換人（受傷退場也不准補人）。我們那時每天下課都練球，一上來先跑五千公尺。有個球員也在田徑校隊，他告訴我們，大家的速度有一半以上可以參加中上運動會。其實橄欖球校隊很少只專注一種運動的。

我在大二時赴臺北參加全國聯賽。賽程中正值主科「應用力學」的期中考，向那位福州口音、教書一級爛的教授請假補考，他竟然不高興，不置可否。我不管，立刻赴北參賽，得到全國大專組亞軍歸來。教授很勉強的准我補考（憑什麼不准？），學期終了送了我一個六十分及格。我現在大學教書，對修我課的各種校隊同學特別鼓勵，我的作風眞是不錯啊！

成大隊彼時一直沒有正式教練，校長認爲這是種野蠻的運動。幸好臺南市橄欖球運動盛行，所以南市隊的國手如楊水生先生、邱漢生先生（亦是成大土木系畢業）有時來校指導。我們後來採用一種叫「拿破崙」的陣式，是交叉傳球困惑及誤導對方的戰術。這種陣式是否像宋江陣或八卦陣，令敵方攻入後迷宮，飛砂走石接踵而來，一片淒風苦雨呢？我看是說不上。因爲我們不是諸葛武侯那類多計之士。

我打過兩個位置，一個是「爭球前衛」，那是在亂集團爭球我方獲球後，由地上拾球快速傳給後衛，有時用「魚躍式傳球」，姿態相當優美。而我最常打的位置是「第一排中鋒」Scrum Center。這個位置的身材不一定要高大，但手腳必須靈活。兩個邊鋒則是高大強壯者，他們倆在集團爭球時把我架起，有時我兩腳同時離地用腳快速勾球。我們得全國大專組亞軍那次最後出戰師大隊，雙方球員多是建中出身，先禮後兵，又愉快又鬥狠。

那時只有臺大、成大及中原三所大學有工學院，所以能考進是很大的榮耀。我唸成大時在炮兵學校附近租房子，兩間四個人住。有一個姓謝的建中時和我同班，粗壯，板橋農家出身，成大柔道隊隊長。我們倆不太上課，也少唸書，除了每天運動、吃狗肉、賭牌、喝廉價酒，弄得其他兩個斯文的室友有點惶惑，怎麼遇到這種工學院的學生。橄欖球隊開過一次舞會，我也帶謝同學參加，因爲是同行或同類。有個傢伙帶了一瓶香水，藍色的瓶子，形狀很奇怪，是洋香水，但是裡面裝的是明星花露水。他每隔一陣子就向舞池人群上方空中灑香水，這種舉動我認爲是「驚人之舉」了。那天舞伴都不是成大女生，也不知道是哪裡弄來的一批當地女孩子。我那時正在追求那個漂亮的北一女保送來的「十要」，我是沒帶她去這個舞會。

許多年後，有一天我到臺大操場慢跑，遇到成大隊出戰臺大隊，很高興的趨前與教練及球員交談。我看成大隊球員普遍比我們那時高大、英挺，氣質也好，還有漂亮的女同學及護士隨隊，境遇是比我們那時好得多了。聽他們說現在女同學都比較看好有「男子氣概」的橄欖球員。我唸成大時的校隊還是以工學院學生爲主，土木系居多，電機系一個都沒有，可能與各系的氣質及工作環境有關。因爲土木系（「老土」）常有野外工程，開路架橋都是土木工程師；電機及資訊一定在辦公室內，即使化工及機械也常在室內或工廠內工作。隊員普遍功課不怎麼好，但是後來我們都在美國唸到博士學位，可能身體比較好的原故——讀書堅持下去常和身體狀況有關。

多年後我在美國舊金山灣區遇見建中及成大土木系同隊隊友陳俊一博士及陳文雄博士，話舊，相當親熱。那時我的妻子任美國中國工程師學會會長，陳俊一學長是學會的理事，幫了她不少忙，部分也是基於和我同爲橄欖球校隊的友誼（陳學長當年就是我右手邊鋒）。那時我的妻子已對相當於橄欖球的美式足球感到興趣，對橄欖球員（包括我在內）的英勇也有進一步的瞭解及認同。一般認爲打橄欖球除了技術及鬥志以外，還要有「感覺」——穿上球衣外觀英挺的話，就有潛力成爲好球員，但我體型早已進入中年期，穿上球衣也不挺拔了。

唸大學時也曾有一次，我在臺北帶一個嬌滴滴、細瘦、張愛玲型的女孩（不是女友，長得還不錯，聽說常在校園獨來獨往，所以男生稱她爲「卓不群」）去看中華隊出戰日本橄欖球代表隊，她看得茫然，這些人野蠻的搶球是怎麼回事。戰況激烈時，她輕輕告訴我想吃一枝橘子雪糕。我聽了大驚，値此中華民族生死存亡、四野殺聲震天之際，怎麼會聯想到一枚雪糕上去？所以未予理會，反正也不是我想追的女孩。

西方的文化源於希臘精神及基督教。奧林匹克運動會的特色是爭勝，爭第一，不是只有友誼及參加。因爲只有第一才被人記得。這種爭勝的精神影響當時希臘的軍事、外交、戲劇……等等，也影響了西方人的積極進取。日本有些橄欖球隊在連敗幾場後，會採用一些儀武，如道士作法，來驅除惡運，據我所知成大隊及建中隊沒有如此作過。另一個奧林匹克的特色乃公平性及道德性，正面及正當的競爭。這兩種特色是西方的精神，也是橄欖球隊運動的精神。橄欖球運動造就出尙武好戰的球員，二戰時美國登陸搶灘的海軍陸戰隊戰士，有許多是相當於英式橄欖球的美式足球員出身。橄欖球員在亂集團中搶球跑出，左衝右闖，猶如《三國演義》中所言「於千軍萬馬中，取上將之頭如探囊取物」，而且只「一盞茶的功夫」。換言之，橄欖球員在服役時多是在第一線作戰、野戰部隊的軍人，不是坐辦公桌、中午回家吃飯的那種軍人。一戰爆發英國對德宣戰之日，英格蘭橄欖球隊協會立即提供該會有歷史性的球場聖地爲陸軍緊急練兵場，以主將爲首，全體球員在義務軍志願書上簽名。其後大英國協共有五十八名國際級橄欖球員戰死沙場。我們鄰國的盧泰愚大統領年輕時曾是韓國陸軍代表隊的選手。

橄欖球校隊隊員一畢業就被稱爲OB（Old Boy之稱）。所以成大校隊寄信給我時不稱「夏祖焯教授」而是「祖焯OB」。橄欖球員之間的感情比任何一種運動隊員要強，因爲是一種沒有個人英雄、激烈、受傷率高的運動。即使畢業後成爲OB，與敵隊的OB相見，還是很親切。有一次我在南歐洲旅行，遇見當年臺大隊的同一位置者，交談十分愉快。我現在是建中校友會常務理事及建中文教基金會董事，每次開理事及董事聯席會議時，有不少當年的建中或各大學橄欖球校隊出席，大家穿著西裝，兩鬢微白，口袋裡麥克麥克，有崇高的社會或學術地位，開會結束肅立高聲合唱建中校歌時，那種榮譽與歲月流逝之感，卻是感慨萬千。

我在寫此文草稿時，看到報上新聞以建中校友爲主幹的桃園縣隊，在全運橄欖球比賽大勝宜蘭縣隊，比數爲九十比零，創有史以來得分最高紀錄。

我已逐漸老去，回憶中愉快的事不是很多，想到當年在橄欖球場上衝殺，想到的球場是在黃昏暮色中，我們在場上一邊傳球，一邊發出像印地安人向被包圍的美國騎兵要進行大屠殺前，挑釁而興奮的尖聲呼喊……那就是我生命中輝煌燦爛的夏日，夏日的光芒短促，但領受其中的快樂仍是令人欣愉。我們在球場上拼命奔跑，迫不及待的跑出校門。出了校門，仍然奔跑，跑進了更複雜的成人世界，卻回返不了昔日朱牆內的風光。我把那些珍貴的東西遺落在成大的朱牆內。

（本文原載自爾雅出版，夏烈著《流光逝川》）

第十六章 昨日

Deutschland! Deutschland! über alles「德國！德國！高於一切」——二戰時德國國歌首句

你走在崎嶇的山路上，冬日陽光篩過殘葉及枯枝灑落，光影在徑上移動。側邊濃密林中隱約傳來海濤迴音。我回頭問你走得還好。你停下來，喘氣，用德文回答：「Darf ich hier eine Rast machen?」（我能在這兒休息一下嗎？）我停下來，前面登山的隊伍逐漸拉遠，終於消失。我倆相對無言，我知你心中有事，卻不願問。因爲，因爲男人到了中年，心中的事不再對別人講，成爲寂寞的人。

我們在什麼時候初遇？大概是十一歲唸初一那年。有些朋友我幼年時相識，卻未深交。有一個和我高中同班三年，印象中除了點頭，似乎未曾交談過。他卻告訴我，第一次注意到我是建中高一那年，我在空蕩蕩的教室裡吹口哨「費加洛婚禮」中那段著名的詠嘆調「voi che sapete」（愛情的煩惱）。這同學是沉默寡言的人，和你一樣聽古典音樂，所以對我留下初次而深刻的印象。而他告訴我這話，已是數十年後的哀樂中年了。

我倆也是不同的人，猶記得第一次交談是在由南到北的夜慢車上，座位很近，只隔走道。我發現你在看斯多噶學派的書；你發現我在看尼采。那時我們十八歲。尼采的非理性哲學吸引年輕人（也吸引了希特勒）應可瞭解，你爲何閱讀斯多噶的禁慾學說，卻是費解。而我從未想過問你。尼采是德國人，以研究希臘悲劇起始，和同是源出希臘的斯多噶學派有某種模糊的關聯。其實眞正的關聯是我們都是工學院二年級生。

那是我們在步入中年前唯一的一次深入交談，以後各自遠渡大洋後在新大陸上紮根。人生的第二個二十年比第一個二十年要快得多。下面一個二十年當然更快……。再在陽光耀眼的柏克萊街頭相遇已是兒女成群。你問我是否仍在讀德意志哲學。我說；已轉向文學，且開始創作。你困惑的看著我，我笑笑，用手遮陽光。街上市聲喧囂，混雜陌生的人群撲面而來，一輛紅色敞篷光亮小跑車炫耀的擦身掠過。

「文學是上蒼的聲音，創作是天職。如果不能創出美麗深刻的作品，我的生命即無意義。」我說。

「文學不等於整個人生。」你輕微搖頭。

「是我的選擇，我不需要去追求。」

「那是什怎意思？」你收緊下顎問道，街面忽然沉靜下來，陽光依舊。

「因爲我就是藝術。」

你怔了一下，沒有回答，大概被我的自信大言所懾。

彼此都陷在生活的糾纏中，偶然見個面。我買了新的步槍和手槍，數次相約到靶場射擊。我們用望遠鏡看步槍射擊成績；也取下近距離手槍射擊密密麻麻彈痕的靶紙作比較。顯然你比我準確得多。實際上，預備軍官入伍訓練時你已是團上的射擊選手。後來我入了野戰部隊步兵連作帶兵軍官，你卻分發到不需射擊準確的憲兵隊。

你憑魄力、膽識和毅力建造了市中心最高的三棟大樓之一。其中一棟名普羅米修斯，是希臘神話中將火種帶到人間的神祇。而他注定被天神宙斯鎖在山頂的岩石上，每日兀鷹前來啄食他的肝臟，食而復生，終生受盡折磨不悔——人生是否即是不停的折磨及苦楚？大樓落成典禮那天是你人生的巔峰。你僱用了代表阿爾卑斯山的德意志民歌樂隊來演唱，短褲、長線襪、綠色小泥帽沿插著羽毛，手風琴及啤酒的香味彌漫在大廳的空氣中。樂隊奏起動人的民歌，許多德意志後裔引喉高歌「Du, Du Liegst Mir Im Herzen」（德文「妳，妳，將我擺在妳心中」）：

Und, und, wenn in der Ferne, 然而，然而如果相距如此遙遠
Mir, mir, dein Bild erschein, 對我，對我，妳的倩影依然出現
Dann, dann wünscht ich so gerne, 那麼，那麼我會愉快的祈盼
Das uns die Liebe vereint, 我們曾以愛情相連

然而，那時，那時人們卻不知道這背後隱藏的危險與殺機。我爲你主持落成酒會，我知道嗎？

你我一直沉醉在德意志的哲學、音樂、歷史、軍事及文學中，也對日本的武士道、三島由紀夫、大和號武藏號戰艦、以及近代維新有深厚的興趣。但是我們都曾投入那場激烈而混亂的保衛釣魚臺運動。花園角及日本領事館前的示威遊行，由廣東口音濃重的香港青年領導高唱抗日歌曲，激動而熱淚盈眶振臂高呼：「神聖的中國萬歲！」那一刻，硝煙炮火突然瀰漫，遊行者臉上浮著殺氣。也許戰場能帶給我們興奮，甚至樂趣——爲什麼不是呢？

講些輕鬆的吧！那次蘇格蘭的皇家風管樂隊來舊金山灣區演奏，你知我喜歡這種有異國民族色彩的音樂，特別在一票難求的情況下請我去看。白天上了一天班，晚上聽場上變化隊形的演奏竟然不支，昏盹入睡。但是當樂隊吹奏我喜愛的Amazing Grace時，我忽然醒來，你首次拍拍我肩膀。

你看我寫的小說，有一次感慨的說：「你小說中曾寫道：一個愛情故事，可以寫成一篇淒惻

動人的小說，也可以描繪得醜陋不堪入目。」而那時，說這話時，我卻不知你正走在那條曲折、美麗、盲目、迷宮似的感情羊腸小徑上。有些事，沒有結束，一直在流動，我們會枉顧開始和結尾的印象，因爲不願再去回憶那些情節。

你曾告訴我一個美國戰鬥機飛行員越戰時被地對空飛彈擊中，跳傘被俘，在戰俘營苦撐六年，戰爭結束返鄉。有一天他和妻子在小城餐館進餐，有個人隔桌起身走向他說：「你叫布蘭普，越戰時你在小鷹號航空母艦上飛戰鬥機，你被敵軍打下來了。」

「你怎麼知道？」布蘭普問道。

「是我給你塞裝的降落傘。」那人說。

「你傘裝得很好，要不然今天我也不會在這裡了。」

布蘭普那晚整晚不能入睡，想到那個人。想到小鷹號上不知見過那人多少次，連個招呼都沒打過。因爲他是戰鬥機駕駛員，而他只是個水手。

這個聽來的故事對你似乎意義深刻，因爲你是重情義、有榮譽感、敢作敢爲的人。然而，後來的發展，爲何愛情、友情、親情都離你而去？你始料未及吧？

命運自古希臘即是人類掙扎不過的宿敵。你大起大落，破產、大車禍及重病並未擊敗你。可能愈挫愈強，因爲你本來就是個鬥士。那天晚上你來我家晚餐。餐後伊上樓看電視及休息。我倆坐在起居室聊天，我放了華格納的歌劇，一些貝多芬的音樂，還有二戰時德國的軍歌。我們以腳擊拍，我引喉高哼，你以口哨聲配合。似乎回到了第三帝國熱血沸騰的時刻，軍士的吶喊、馬的嘶鳴、軍靴在刺刀及火把的光芒下閃亮耀眼……。你曾說性向測驗決定你最適合作軍人，我則適作政治家或刑事律師，然而我們都唸了工程。你的機械及電腦特長反映在工程上，我除了數學超強外，並沒有什麼能與工程相連。那一晚你留到過了午夜才離開。第二天伊問我你向我說了什麼？我說沒說什麼，伊沉默了一下，說道：「他有話要說，你沒有覺察到。」如果我覺察到，晚上和你談到那些，可能會避掉那場劫數。

然而槍擊案終於發生，那就是命運。你後來告訴我連開兩槍，打斷那洋人的舌頭及牙齒。卡謬在《異鄉人》中創造了一個非理性的槍擊案，主角莫索開槍的動機是太陽太晃眼，他因而失去常態，在混亂的情緒、對方無抵抗的情況下，連開五槍射殺。我問你的公設辯護律師你爲何開槍，還有他是否看過《異鄉人》那小說？

我在庭上看你穿著橘紅色的囚衣，扣著手銬。你不支，趴在桌上睡著了，也沒聽到檢察官和我之間激烈的辯論，直到法官制止。然而當問到我們之間的交往時，我告訴庭上我們的兒女還小時，曾共同出遊或吃飯，小孩們玩在一起……。溫馨的一刻終於呈現在緊張肅殺的庭上，你的女兒們露出少女薔薇嫵媚的笑容。

金山灣大橋下驟然湧入清冷的雲霧，紅色龐大的橋身終於全部埋入灰白漫散的濃霧中。有一個美麗的女妖在晦冥中用高昂的音調唱一首神祕的歌曲，聽不出那是法文、英文、德文或北歐的歌曲。我到海灣邊聖昆丁重刑犯監獄看望你，你謝我爲你訂世界日報及不時通信。我們不是第一層的密友，你告訴了我一些心裡的話，那是我永遠不會告訴任何人的。你問我爲什麼大家都棄你而去，我無言。見面處並不完全是冰冷單調的水泥牆，但我隱約感覺到不祥與死亡的陰影。聖昆丁重刑犯監獄在海之濱，不少暴力電影以此爲背景，一些著名的死刑犯在此了斷。

這個世界從未像你看到的那麼美麗與悽涼，因爲它已不屬於你的。

每次去看你，就想到兩首我們曾熟悉的流行歌曲：Unchained Melody及Green, Green Grass of Home。前首是爲加州的一座監獄作曲，被囚的犯人不知窗外的愛人是否仍然屬於他——歌聲如泣如訴。後首湯姆．瓊斯用他充滿感性的聲音，唱出囚犯在獄中夢見綠草如茵的家園，在車站等他下車的雙親，以及秀髮飄逸的女友。然後他醒了，那只是一場夢，四面冷冰的灰牆……我高聲唱著，歌聲透過青空，傳越海灣，穿過獄牆，盼你能聽到是爲你而唱。你曾說你實在不想死，但你知日子不可能太多，只要在有生之年看到中國能在各方面擊敗日本，你即無憾而去！

你終於結束了你北美洲的惡夢。那些日復一日耀眼的加州陽光暴烈的曬著。然而那不是你生命中溫暖的陽光，你生命中的陽光已被陰影奪去。你曾擁有過的，你終於都失去——愛情、財富、親情、榮耀、甚至生命。你回頭作最後一瞥，高中紅樓的舊夢、南臺灣溼熱的初夏、加州的陽光與陰鬱、重刑犯監獄中惡形的囚徒、反日大遊行的吶喊、核市溫暖的人造天堂……我寫這封信給你，寫了很久，是我生命中寫得最長的一封信。你已長埋地下，那沒什麼關係，我會遇到已過身的人。下次，將寫下我和尼采相遇的那一刻，寄給你。

（本文原載自爾雅出版，夏烈著《流光逝川》）

第十七章　五十畢業感言

這五十年似乎發生了很多事，又似乎什麼事都未發生。

蔣中正有過一篇文言文的「五十生日感言」，初中時公民教員蔡頭要我們閱讀。內容不外是思親與報國這類八股，也不知是那位文膽寫的——陳布雷、陶希聖，還是秦孝儀？上網站查，民國二十五年十月三十一日在洛陽寫成，五個星期後的十二月十二日就發生西安事變。如今我們寫「五十畢業感言」，不能寫成八股文章，因爲現在沒有蔡頭這種公民教員促銷，也就沒人看這篇文章了。

人生寂寥，走過這五十年的滄桑、歡笑、抑鬱與輝煌，百喜千憂萬恨煙消霧散，落花流水而去！實際上，「輝煌」是指其他同窗的輝煌，輪不到我。我這五十年走來是也無風雨也無晴，小小的得意，小小的吹噓，沒有什麼大動作、大成就或大案子。

預備軍官分科抽籤中了不小的一個獎——被分到野戰部隊輕裝師的步兵連。服役期間四處移防，駐守過島嶼、山頂、海灘、田野，也住過營房訓練充員的步兵。就是沒打過仗。聽說有個建中同屆同學好像是分到憲兵，管軍中樂園，這種工作可遇不可求，且不可思議。我和他只是點頭之交，以後也沒機會問他工作性質如何？他的感想如何？我在澎湖群島服役時開始寫一些文章，投給孫如陵主編的中央日報副刊。先慈那時任聯合報副刊主編十年，也就是著名的「林海音時代」，爲什麼沒投稿給聯副？想是因爲「船長事件」先慈去職之故。我以夏烈的筆名寫了「白門再見」發表在中央副刊。刊出後即去美國讀研究所，接到中副轉來一大批讀者來信。因航空郵費太貴，又在唸書、打工、英語、及變遷的習俗中掙扎，再加上年輕時自視頗高，患有輕微的大頭症，所以都沒回信。這些信大多是女孩子寫來的，說不定有些長得還不錯，現在應該都是歐巴桑了。此事距今近五十年。在我眼裡，建中是座充滿眞實與夢境、幻想的南方花園，那可曾是我心中永不凋零的花朵，我的鴉片，我的天堂與地獄的結合。

「白門再見」在中央副刊刊出後，多數人都認爲是師大附中的人寫的。原因是「你們建中的比較上，只寫博士論文及學術論文，寫不出這種文章。」聽說還有個附中的說：「沒錯，就是附中寫的，我認識他，就在我們隔壁班。」那時建中是比較土，我承認。但是後來在美國遇到一些附中的，比我們更土。這一點，附中的也不得不承認。我們那屆建中初中畢業近二十班，高中只招生不到六班，所以大部分高中考入附中。附中的和我們討論到，爲什麼有些附中的比建中還土（而且土很多）？他們都認爲那些是初中唸建中，再考入附中高中，所以拖累了附中。

「臺成清交」號稱全臺四大名校，成大在南部，臺大、清大及交大三個在北部。奇怪的是四大名校校友常不以畢業「臺成清交」爲榮，卻一定以畢業於建中爲榮。這中間有複雜的社會因素及地理因素。與臺中一中、附中、雄中、臺南一中及武陵高中等前幾名男子高中比，建中有什麼特色？我感覺不出來。可能比較樸實，腳踏實地。這些年來我一直擔任建中的董事及校友會的常務理事。理事長是馬英九校友，董事長是簡信雄學長。簡信雄是實際的操盤者，他只比我高一屆，畢業的小學又接近，所以有許多共同的朋友及往事，電話一聊就笑聲不斷近一小時。我總是把自己份內的事作好，儘量協助簡信雄，還寫過一篇馬屁文章捧他，登在上一期的「建中校友」。只是年過六十五後，每年在清華大學只教一學期，其他日子在國外，所以董事及理事聯席會議出席率比較低，選舉後排名有些下降。信雄兄這多少年鞠躬盡瘁，也作得疲乏了。他今年想步下臺階，問我是否可以接董事長的大位。列位看官，我因《三國演義》看多了，深知曹操用人，常以這試探方式偵查出此人是否有野心想篡大位。我搞不太清楚信雄兄是眞的倦勤，還是想試探我一下，不能不防他一招，所以回答因有半年在國外，不適任。

人過了六十五歲以後發生兩件事：第一件事就是變得很健忘；第二件事我忘記是什麼了。我是建中畢業考入成大工學院，後留美唸碩士、博士到工程師，在工程界共二十六年，還有一年是預備軍官服役。之後在美國聯邦政府作美國官兒，行政工作十一年，再回臺灣任教十一年。如此加起來是四十九年，和畢業五十年相比短了一年。但是並沒有算錯或忘掉什麼，因爲回臺有一年未工作，只是照顧年邁的父母及處理資產問題，還有四處和人吵架。現在塵埃落定，風已定，人尙未靜——我是不會隨意罷休的。

五十年是半個世紀，這中間有近十年在寒冷的密西根州度過，那曾是我最快樂及最不快樂的十年。銀白的冰雪與我成長的臺灣的悶熱兩極化。在這五十年中，有些同學走掉，有些不可一世，有些永遠不願和老朋友見面，也有幾名被特偵組傳訊……。我曾在加州大學的柏克萊街頭遇到高三五班的一位老友，有近二十年未見面竟一眼認出來。他有親大陸政治案件不便回國，後來能回國了，他已逐漸失掉興趣不想回國。但是每次一見面，我們一定談到建中六年的往事。他和我在成大工學院同學，後來留美唸航空工程研究所，但竟憑膽識、魄力及眼光，在舊金山的東灣建造了最高的三棟大樓之一，成為當時出眾人物。於是我和他相約畢業五十年的今年校慶在建中紅樓見面。後來他射殺一個洋人，被關入聖昆丁重型犯監獄，去年死亡——他再也見不到建中了。

他們高三五班還出了幾個出眾的人物。劉英武兄在普林斯頓大學得到博士後到密西根大學任教一年，旋即轉入IBM總部工作，以三十九歲之年竟任IBM副總裁，手下掌管八千多人。我那時問他：「聽說你立志要進入美國大公司的管理階層，所以不浪費時間，只發表過一篇學術論文？」他回答：「我一篇論文都沒發表過。」陳敏兄在國語實小和我同班，毫不出色，考上建中初中大家都不以為然，高中聯考竟是是全臺北市第二名，入五班。高中畢業保送大學，他不要。大專聯考他是我們那屆最高分，第一志願竟是東海物理系。陳敏在柏克萊加州大學學成後，被麻省理工學院物理系聘為教授。他和丁肇中學長（建中及成大機械系比我們高四屆）從事J粒子的研究。最後陳敏發現了J粒子及作了重要的分析，但諾貝爾獎只給了計畫主持人丁學長。有些物理學界的人後來談論這件事，認為陳敏也該得諾貝爾獎。他是內向的人，我和他同學那麼多年，卻不記得和他談過話。許多年後，他以我在新竹清華大學教書之便，要我去東海替他領受傑出校友獎。我好奇問他諾貝爾獎之事，他回答得含糊，我想他也沒答案。那一屆保送則是六班的溫啓邦以全校第一名入臺大醫科，啓邦兄的尊翁即是教本國歷史的溫吉老師，建中生公認他是一位嚴肅、認眞且負責的好老師。

他們五班還有一位王古勳兄和我在成大工學院同學，也是點頭之交。一九八六年他在美國《臺灣文化》雜誌發表一篇有關臺北大稻埕（今延平區）的「山水亭：大稻埕的梁山泊」長文，文情並茂，我才知道原來這家日據時代著名的臺菜館是他尊翁王井泉（王古井）先生所開設。彼時呂赫若、林茂生、張文環、黃得時、陳逸松、張深切等文學界人士皆以「山水亭」爲經常聚會場所。先慈林海音生前和其中幾位在一九五〇年代白色時期有來往，以政治原因未對外說這些事。可惜古勳兄壯年即過世，否則我會主動與他聯繫。到底，我們是初高中及大學同屆校友，又有許多上一代的文學界舊識及舊事可談。文中陳逸松先生也是五班陳希寬兄尊翁，及六班溫啓邦兄的岳父，曾以無黨籍競選臺北市長未當選，當選者是我們一班周法平兄尊翁周百鍊先生。今年七月底，我應逸松先生女公子陳綺紅（溫啓邦兄之夫人）之邀，赴休士頓演講，與逸松先生遺孀數度聊往事，雖然陳伯母已九十歲，我們卻無代溝。我是「半山」（先慈是臺灣人，先嚴是外省人），臺語並不靈通，但也聊得愉快盡興。離開休士頓前，我請陳伯母一定要邀請我參加她的百歲慶典，她欣然同意。

我們一班和我關係最深的是邱煥誠及施連城這「二城」。邱煥誠是化工出身，個性內向，我們有古典音樂的同好。施連城也是臺大化工畢業，是勉強過關那一種，後來竟成爲石化工程的國際市場及石臘工程技術的國際權威。他在美國建造的石化公司及工廠，在華人石化界僅次於王永慶先生的台塑及趙廷箴先生的華夏海灣。可惜美洲中國工程師學會沒有工程創業獎，否則他一定有資格榮膺。高二時國文老師上作文課出了一個花招，要我們每人寫一篇小說。大家就以看哪個不順眼爲主角，編造寫一些醜事。施連城寫得是我的醜事（其實我也沒什麼大不了的事）。另有一個同學以我爲主角，寫我英雄救美之事。我雖不膽小，但也不是英雄之類的人物，如何「救美」？「美」又是誰？此事大可商榷。無論如何，我看了還是很高興。

顏正忠和我國語實小同班，高中又同是高三一班，坐在我後面。上課常在睡覺，成績平平。高三時我們倆代表建中參加全省中學泳賽，雙雙落網。聯考他考上臺大醫科，旋即選入臺大游泳校隊，專游蝶式，還到國外去比賽。臺大第一年，他雖門門過關，卻告訴我他大概是醫科班上最後一名，或接近最後。我問他怎麼知道，因臺大只公布第一名得書卷獎。他說每科都去看成績，他都是排最後幾名，加起來就是最後一名。但他畢業考上美國醫師執照，在美行醫多年，是當地出色的婦產科醫師。我則被選入暑期青年戰鬥訓練最艱苦的潛水蛙人隊，由海軍蛙人的水中爆破隊在左營、砂島、恆春等地訓練。就讀成大後參加比賽，同學以爲我能入選過蛙人隊，游泳一定很棒，期以厚望。結果百米自由式初賽只游了個分組第三名，頗令同學失望，以後再也不願參加游泳比賽了。

列位看官，至此爲止，我一直在談同屆其他同學的輝煌，有點太、太超過吧？實際上我自認資質不錯，相當有料，只是運氣不好，沒什麼大成就。希望老天有眼，在從心所欲的望七之年，能給老子來個大的。

拉雜寫來，往事、塵事、瑣事，卻無大事。人生充滿了不定，但我談這些固定的瑣事，因爲我們這一屆畢業五十年，應該生活在回憶中——回憶一些愉快的事。那時蔣中正才五十歲，如今我們建中畢業五十年，快七十歲了。人生七十古來稀，現在壽命大幅延長，我祖父九十一歲走，我父親是九十四歲生日前一天。我計算自己可活到一百零五到一百一十歲。金氏記錄是一百一十五歲。我們這群老傢伙正在暮色微現中趕路，趕往何方？

然而，我們將趕赴誰的約會呢？一個愛人的約會，一個讎敵的約會，一個生命的約會，還是一個死亡的約會。我望著鏡中逐漸老去的自己，青絲已成暮雪。我聽見鵝毛雪片飄落的細語聲，我看見藹煦陽光灑散大地，那些熟悉、陌生、親近而遙遠的面孔與記憶，像千羽鶴在空中飛翔，久久不散。如今老友散居世界各地，但願人長久，千里共嬋娟！

（本文原載自聯合報系副刊）

博雅文庫 137

大學的陽光與森林：課堂外教授要告訴你的

作者　夏祖焯（夏烈）（436.4）
發行人　楊榮川
總經理　楊士清
副總編輯　陳念祖
封面設計　童安安

出版者　五南圖書出版股份有限公司
地址　106台北市和平東路二段339號4F
電話　（02）2705-5066
傳真　（02）2709-4875
劃撥帳號　01068953
戶名　五南圖書出版股份有限公司
網址　http://www.wunan.com.tw/
電子郵件　wunan@wunan.com.tw
法律顧問　林勝安律師事務所　林勝安律師
出版日期　2015年8月初版一刷
　　　　　2017年7月二版一刷
定價　新臺幣300元

國家圖書館出版品預行編目資料

大學的陽光與森林：課堂外教授要告訴你的 / 夏祖焯著. -- 二版. -- 臺北市：五南，2017.07
面；　公分

ISBN 978-957-11-9212-3(平裝)

1. 高等教育　2. 文集

525.07　　106008650